"OH MAMMA, MAMMA, MAMMA, OH MAMMA MAMMA, MAMMA,
¿SAI PERCHÉ MI BATTE IL CORAZÓN? HO VISTO MARADONA,
HO VISTO MARADONA, EH, MAMMA, INNAMORATO SON."

Himno de la hinchada del Napoli, nacido de las entrañas de
un pueblo futbolero como pocos. Una canción de cancha donde
un hombre le dice a su madre que está enamorado y le late
el corazón. Este cántico se sigue entonando, como una plegaria,
en los altares callejeros dedicados al "Pibe de Oro", en Nápoles.
Siempre a viva voz, siempre con el mismo fervor.

HO VISTO MARADONA

Textos en colaboración con Fabrizio Boni
© 2020 RCS MediaGroup S.p.A., Milano
Propiedad literaria reservada
Título original: *Ho visto Diego (E dico o' vero)*
Traducción de Verónica A. Lema
Foto de tapa: AFP / Stringer / AFP vía Getty Images
Diseño y diagramación: Juan Pablo Olivieri

CIRO FERRARA

HO VISTO MARADONA

Y AQUÍ DIGO LA VERDAD

PRÓLOGO

DIEGO ARMANDO MARADONA

Ferrara, Ciro
Ho visto Maradona : y lo que digo es verdad / Ciro Ferrara. -
1a ed - Ciudad Autónoma de Buenos Aires : Granica, 2024.
208 p. ; 21 x 16 cm.
Traducción de: Verónica Lema.
ISBN *978-631-6544-68-1*
1. Fútbol. I. Lema, Verónica, trad. II. Título.
CDD *796.334092*

CONTENIDO

PRÓLOGO[1]

Una vez me preguntaron sobre Ciro Ferrara y les dije que para mí era el mejor defensor del mundo. Bueno, pensándolo bien, cuando tuve la ocasión de jugar en un partido amistoso entre viejas glorias y vi cómo tocabas la pelota, me surgieron algunas dudas... Por eso todavía me burlo de vos. Aun así, de aquello que dije todavía estoy convencido: porque tener tu apoyo era en realidad una garantía y porque sos el mejor amigo que me dejó mi experiencia en Italia. La mía es una opinión técnica, digamos, con un "plus" de sentimiento adicional. Con vos, Ciro, siempre me sentí protegido, dentro del campo, pero también fuera. En vos encontré una mirada sincera y cómplice, la de alguien que siempre está dispuesto a defenderte y en la que podés confiar, sin duda. Por este motivo, cada vez que nos vemos surge una sonrisa inevitable y hermosa.

---

[1] La primera edición de este libro data de octubre de 2020, exactamente un mes antes de la muerte de Diego Armando Maradona, acaecida el 25 de noviembre de 2020.

Una de las primeras manos que estreché cuando llegué a Nápoles fue la tuya. Los dos éramos muy jóvenes, ¡y ya pasaron casi cuarenta años! Sin embargo, todavía recuerdo bien a ese "niño" emocionadísimo, totalmente inconsciente de lo que habría de vivir desde ese momento. Te divertiste conmigo, estoy seguro. Vimos y experimentamos de todo, desde dos puntos de vista diferentes, pero muy cercanos.

¿Te acordás, Ciro? Una vez que nos agarraron en una discoteca en Milano Marittima: al día siguiente estabas muy preocupado por las consecuencias, yo estaba absolutamente tranquilo. ¡Como siempre!

Ya son sesenta años, sí. Y da mucha impresión, porque cuando pienso en Nápoles parece que fue ayer. Aún me pasa al escuchar *"'O surdato 'nnammurato"* y conmoverme, liberando la emoción para disfrutarla al máximo, como siempre me gustó hacer.

Estoy lejos, demasiado, pero cuando escucho esa música, todo aparece frente a mí, exactamente como era. Además del tiempo, que al final es solo un accesorio molesto, lo que importa es la sustancia, como el hecho de que pasé siete de mis sesenta años allí. Y en mi corazón valen al menos tres veces más.

Todas esas caras que encontré frente a mí desde mi llegada a la ciudad, en la presentación en San Paolo y luego tantas veces en el estadio, todavía están aquí, frente a mis ojos. Por arte de magia. Porque quien ama no olvida, lo sabemos muy bien vos, yo y todos los que viven en Nápoles. Una ciudad que me acogió desde el primer momento como un hermano, me llenó, literalmente, de amor. Ahora, entre otras cosas, también me convertí en ciudadano en todos los aspectos de la que siempre me hizo sentir como en casa. Un hecho inevitable.

Estaba en Nápoles cuando gané la Copa del Mundo con Argentina en 1986, estaba en Nápoles cuando me casé y cuando nacieron mis dos queridas hijas Dalma y Giannina. En Nápoles, aún hoy, vive mi hijo Diego, que cada día se parece más a mí. Fue en esa espléndida ciudad que me convertí en hombre y donde realmente me convertí en Maradona. Porque allí encontré todo lo que necesitaba, incluso para jugar al fútbol como me gusta: el sentimiento puro y sincero, todo lo que siempre estuve buscando. Instintivamente.

Querido Ciro, en algún momento vos y yo también compartimos la casa. Y quién sabe cuántos ruidos extraños habrás escuchado, día y noche... No se pueden ni siquiera intentar contar todas las sonrisas y lágrimas que se mezclaron entre nosotros. Los triunfos, las decepciones, lo "inesperado" y mi conmovedor regreso a la ciudad el día en el que te despediste del fútbol. Y, de nuevo, la verdadera amistad, que con el tiempo nos unió sin irse nunca.

Amistad: la mejor palabra para envolver como en un abrazo toda nuestra increíble historia, llena de coincidencias que te hacen pensar en algo superior. Muy fuerte y hermosa. Como esta, tu historia de esos años simplemente inolvidables, que surge de una visión nueva y diferente. Al leer tu libro me divertí y me emocioné varias veces, había olvidado algunos episodios pequeños y te agradezco por haberme hecho revivir las preciosas páginas de nuestro día a día, de nuestros días que de alguna manera eran siempre un tanto especiales. Solo un amigo podía pintar una imagen tan hermosa, y me volví a ver y me reconocí, volví a recordar el afecto que nos une. Por una vez, además, no sentí la necesidad de defenderme de comentarios o acusaciones, como sucedió en otras circunstancias frente a personas que hablaron de mí y me describieron como no soy.

Gracias, amigo, me diste hermosas emociones. Como todo lo que me lleva de vuelta a Nápoles, donde en el fondo todavía estoy. Allí donde, en lo que a mí respecta, estaré para siempre.

Diego Armando Maradona

1

EL DESEMBARCO

*"Si no me siento feliz por dentro,
no puedo ser un campeón."*

Revolución. Quién sabe cuántas veces cada uno de nosotros escuchó —o al menos solo imaginó— este concepto tan denso, impregnado de fascinación. Como un espejismo lejano, siempre por alcanzar. Pocos, sin embargo, estoy convencido, han llegado a experimentar plenamente una revolución. Estar en medio de ella, con todo lo que ello implica, es un raro, grande y precioso privilegio.

Generalmente todo surge de un grupo, de un conjunto de seres humanos que se sienten iguales entre sí y diferentes de los demás, ojos que se miran y pieles que se reconocen —lo que vale más que cualquier otro vínculo—, unidos por el peso compartido de una injusticia aparentemente invencible. Hasta que se llega al punto límite, donde ya no es posible abortar la idea del cambio: a la fuerza tiene que ocurrir algo nuevo, porque todo el mundo sabe que debe ser así.

Y entonces, de repente, sucede, junto con las lágrimas y la melancolía, que dan lugar al asombro, y ya está. Un estallido repentino entra en la historia para siempre, a través de las gigantescas puertas de la sociología o la política. La revolución está servida, huele a leyenda, fluye en la sangre y resuena en las palabras de un líder.

Lo más difícil de creer es que un vuelco tan grande y total pudiera ser provocado por un par de piernas fuertes y los rulos despeinados de un pequeño futbolista. Y sin embargo, se los puedo asegurar, eso fue lo que pasó.

Verano de 1984. En mi ciudad hacía muchísimo calor, como suele hacer siempre que se acerca julio. Los niños ya se divertían jugando en el mar; para mí, aún no había llegado la hora del descanso. Pero de la diversión, en cambio, sí. Tenía diecisiete años y lo que más me gustaba era correr detrás de una pelota; jugaba en las filas del Allievi[2] del Napoli y unos días después iba a afrontar mi primera final. No esperaba otra cosa. Porque en los tres años anteriores mi vida había cambiado radicalmente, virando en la dirección que más deseaba: a los catorce años tuve mi primera prueba, en un equipo de la zona de Vomero llamado Salvator Rosa.

Mis padres estaban en contra, querían que continuara mis estudios con constancia, pero el presidente del club tuvo la habilidad de conseguir un acuerdo decisivo: un día menos de entrenamiento que para los demás, así yo tendría un poco más de tiempo para dedicarme a los libros. Y la promesa, además, de no defraudar las expectativas de papá y mamá.

En la temporada siguiente me transfirieron al Grumese, que dejé después de un solo entrenamiento, desanimado por las dudas que me acosaron desde el principio: "Demasiado lejos, demasiada

---

2   Allievi: Sub 17.

distancia para ir a entrenar, demasiada pérdida de tiempo, así no puedo seguir...". Detrás de esa indecisión, ya se escondía el primer cruce con el destino.

Justo en ese entonces, el Napoli buscaba un defensor, y la prueba fue mi billete de ingreso para la camiseta que siempre había querido usar. Me incorporé al Allievi B: una temporada jugando con ellos y aquí estamos, de nuevo en junio, el de 1984, esta vez en el Allievi A, esperando mi partido más importante contra la Fiorentina. Solo pensaba en eso, o casi. Porque entre los gritos de los niños en la orilla del mar, yo, y esos ciento ochenta minutos tan cruciales, había también algo más en mi corazón.

Nápoles estaba como suspendida, eran años difíciles para la ciudad. Pero en aquel verano empezó a soplar un viento completamente nuevo, el clima adecuado para acoger una revolución. Una de esas cosas que, cuando tu amigo llega al bar y te lo cuenta por primera vez, piensas simplemente que está loco: "Leíste el periódico, ¿verdad? El Napoli quiere a Maradona...".

En aquella época, Diego Armando Maradona solo tenía veintitrés años, pero ya era considerado un futbolista muy fuerte, uno de los más grandes del mundo. Había deslumbrado a la Argentina con su explosivo talento, y luego había intentado dar el gran salto a Europa, al fútbol que más importaba y que podía convertirlo en una estrella mundial. Con la camiseta del Barcelona, en dos años había cosechado muy pocos trofeos y demasiada polémica. Su imagen se había empañado un poco y buscaba un renacimiento, la oportunidad adecuada para demostrar a todos su verdad.

Nada, de todos modos, que pudiera mínimamente hacer pensar en el Napoli. Y, sin embargo, en los periódicos estaba escrito eso. Yo controlaba y recontrolaba restregándome los ojos: era un hincha y, esperando mi partido, de alguna manera comencé a asociarlo con esa loca negociación llena de altibajos.

Un día parecía que ya era un trato hecho, al día siguiente había que empezar de cero. Hasta que llegó el 30 de junio: el final, el día del cierre del *Calciomercato*, el mercado futbolístico, el último minuto, el momento mágico para todos aquellos que saben soñar con lo imposible. Maradona fichó para el Napoli, y yo salí a la cancha con mis compañeros de equipo y, después de los penales, conseguí mi primer trofeo. El día perfecto. Pero solo sería el primero de muchos.

En el momento exacto en que se extendió por la ciudad la noticia de la firma final del acuerdo, comenzó una fiesta única y absolutamente exclusiva, que duraría siete años. Solo quienes la vivieron pueden entenderlo. Una nueva mirada se abrió de par en par y se posó sobre cada cosa, marcada por dos momentos muy concretos: la llegada de Diego Armando Maradona y, más tarde, su despedida.

Recuerdo bien el tenor con el que se informó de ello en la prensa nacional e internacional: "El jugador más caro del mundo, en la ciudad más pobre de Italia y de Europa". Diego nos había elegido, todos aquellos que vivíamos en ese milagro con vista al mar lo pensamos así desde el vamos. En ninguna esquina se hablaba de otra cosa, corría una sana adrenalina que no se había sentido en años. Yo festejaba nuestro éxito con mis jóvenes compañeros, un éxito coronado por una alegría indescriptible, porque era imposible no contagiarse de todo el resto.

Un poco de esa luz —de repente— empezó a iluminarnos a nosotros también: "La temporada de ustedes aún no ha terminado, muchachos. No planifiquen las vacaciones, porque el próximo jueves deberán jugar un amistoso contra un equipo regional". Al principio estábamos un poco decepcionados. Ciccio Baiano, Massimiliano Favo, yo mismo y los demás, veníamos de un año muy largo y duro, queríamos pasarlo bien en la playa con nuestros compañeros y nos pareció que había llegado el momento de hacerlo, de la mejor manera, con una copa en la vitrina de trofeos.

Pero entonces la Sociedad[3] nos contó con detalle de qué se trataba, y salió el sol por todas partes: "Será el 5 de julio, presentaremos a Maradona en el San Paolo y será él mismo quien les entregue la copa. ¡Se lo han merecido!".

Fue así que nos dispusimos a formar parte de un hermoso y alegre caos, en una caldera atronadora de sonidos y colores: nunca antes me había tocado jugar en el estadio San Paolo, lleno de hinchas del Napoli que celebraban. En fin, nunca me había pasado. Una frase que, de ahí en adelante, me iba a acostumbrar a usar muy a menudo.

Mientras tanto, quería disfrutar de esa triple alegría con mis compañeros de equipo: la alegría de nuestro *Scudetto*[4], la alegría de —quizás— poder conocer personalmente a Maradona, y la de jugar al fútbol ante más de sesenta mil personas. Sí, porque en esa tarde calurosa habían acudido en masa solamente para saludarlo, incluso pagando una entrada para hacerlo. Felices y perdidos dentro de una escena nunca vista y que no se vería nunca más.

La Sociedad cumplió su espléndida promesa. Al final de nuestro partido, puramente simbólico, para premiarnos por lo que habíamos conseguido durante la temporada, fue Maradona el encargado de hacerlo. Yo lo miraba como a un extraterrestre, debo admitirlo.

Todo había sucedido demasiado rápido como para intentar al menos poner un poco de orden en la mente, confusa y aturdida, entre pensamientos y sueños. Apenas unos años atrás, ni siquiera sabía si dejar el fútbol y seguir solamente con mis estudios; ahora mi carrera

---

3   Desde 1981, en Italia se impone a los clubes de fútbol profesional la forma jurídica de Sociedad por Acciones (SPA) o Sociedad de Responsabilidad Limitada (SRL).

4   El *Scudetto* (literalmente en italiano "escudito") es un distintivo con forma de escudo que lleva en la camiseta el equipo que en la temporada anterior ha ganado el campeonato nacional. Por extensión, el *Scudetto* indica también la obtención del campeonato.

—aunque en categorías inferiores— empezaba a dar un giro y me encontraba en una situación mucho más importante de lo que podía imaginar.

Maradona se acercó a cada uno de nosotros con amabilidad. Parecía tranquilo y divertido por el escenario que, probablemente, lo haya asombrado a él también. En el Barcelona habían empezado, exclusivamente, a criticarlo; aquí había aprendido en pocos segundos a disfrutar del amor que tanto había buscado.

Nos dio un premio a cada uno y luego la Copa a todos. Abandonamos la escena, ahora le tocaba solamente a él... Unos jueguitos con la pelota y un rápido saludo a la multitud que inmediatamente —incondicionalmente— estaba demostrando ser "su" nueva gente. Luego, el bombardeo de la prensa y la TV, en una jornada epocal y todavía grabada en la memoria de todos. Al regreso de la premiación, continué siguiéndola desde casa, con la emoción que todavía me hacía temblar un poco las piernas.

Una cosa me llamó inmediatamente la atención. Cuando le preguntaron "por qué el Napoli", sonrió y dijo: "Porque aquí espero encontrar la tranquilidad que no tuve en Barcelona. Y sobre todo, el respeto". Esa habría sido nuestra misión como hinchas: darle el respeto que pedía. Imaginarlo como un compañero, como es obvio, no se me pasaba ni remotamente por la cabeza en aquel momento... Porque, en lo que a tranquilidad se refiere, al elegir al Napoli seguramente había errado el tiro; pero iba a tener tiempo para darse cuenta y ese día, en ese sentido, fue el aperitivo perfecto. Todos, en el estadio y en la ciudad, empezaron a llamarlo, y nunca más dejaron de hacerlo: "¡Diego! ¡¡¡Diego!!!". Como si con solo recibir una mirada, una mínima señal de respuesta, pudieran encontrar su identidad. Una identidad nueva y por fin ganadora.

El Napoli de esa época ciertamente no estaba acostumbrado a festejar. En las dos últimas temporadas habíamos quedado en los puestos diez y once de la clasificación, en la segunda mitad de la tabla.

Quizá de ahí nació ese extraño nombre que identifica a sus hinchas: *patuto*, que viene directamente de la palabra griega *patire*[5], sinónimo de una pasión ardiente que el presidente Ferlaino tuvo el valor de aprovechar con una intuición genial. La estrategia de los años anteriores había sido llevar a antiguos jugadores encaminados al ocaso a presenciar los partidos, lo que representaba un contraste entre quienes estaban destinados a desaparecer y las esperanzas de los que animaban al equipo desde la tribuna. Esta vez, en cambio, había llegado un futbolista muy fuerte, joven, en torno del cual podía construirse algo grande, un sueño verdadero.

---

5   Sufrir, también en italiano.

2

BUENOS DÍAS A USTED, DIEGO

*"Quiero convertirme en el ídolo de
los chicos pobres de Nápoles. Porque ellos
son como era yo en Buenos Aires."*

Por qué el Napoli buscó a Maradona es casi inútil preguntárselo: ante una oportunidad así, nadie se echaría atrás. Lo que siempre me ha parecido un milagro es el camino inverso, cómo Diego buscó al Napoli. Me lo pregunto todavía ahora, a veces, cuando vuelvo a recordar esa maravillosa historia. Y entonces pienso nuevamente en el destino, como en sus orígenes latinos y en su naturaleza rebelde e indomable. Probablemente, conociendo el ambiente futbolístico, debieron de haberle hablado bien de un equipo que lo esperaba, fuerte y preparado como, en realidad, no lo estaba. Porque él quería ganar y aquí nunca se había ganado nada. Pero en su espíritu, por encima de todo, siempre he visto el deseo de probar, de desmentir a los escépticos que no creían en su fuerza. El deseo de ganar donde y cuando parece imposible hacerlo, y la necesidad de erigirse como el protagonista absoluto, como el líder que innegablemente fue y sigue siendo. Para mí fue suficiente verlo moverse en ese estadio, ante los hinchas literalmente enloquecidos, el día de la presentación, para entenderlo de una vez por todas. ¿Qué mejor lugar que Nápoles, entonces?

Diego, en definitiva, se preparaba para su nuevo reto. Ya estaba dispuesto a pasar de las palabras a los hechos, mientras que yo —después de una larguísima temporada— empezaba por fin mis vacaciones. Me fui a Gaeta, con mi familia. Estaba tranquilo y esperando la convocatoria para el Campeonato Primavera[6] que me esperaba.

Ocupé gran parte de mi tiempo, inevitablemente, jugando al fútbol. Incluso en la playa, bajo el sol abrasador, por la mañana o por la tarde, sin interrupción. Aquellos partidos duraban horas y horas; en lugar de los distintivos en el pecho, nuestra "carrera" se definía por las marcas —indelebles en nuestros pies descalzos— del mitológico balón de San Siro[7]. Siempre durísimo, pero sencillamente irresistible cuando lo encontrabas ahí delante para patear. En aquellas canchas improvisadas nació también la leyenda de que seguiría la herencia familiar, porque a mi padre le gustaba jugar en el arco. Un día mi papá le paró un penal al ex capitán del Lazio, Pino Wilson, que participó en el partido donde él estaba jugando, y nunca nadie pudo sacarle de la cabeza que, solo por ese hecho, se había ganado el carnet de profesional.

En una de esas muchas tardes que pasé en la playa, de repente mi

---

6   Campeonato italiano Sub 19.

7   San Siro es un famoso estadio de fútbol en Milán, Italia, donde se juegan los partidos del AC Milan y del Inter de Milán. El balón de San Siro refiere a la pelota utilizada en ese estadio.

madre me llamó a los gritos, porque el dueño del establecimiento balneario le había avisado que me buscaban por teléfono: "¡Ciro! Ciro!" y yo, algo molesto, dejé la pelota por unos instantes: "¿Qué pasa, mamá? ¿Qué quieres?". "Corre, Ciro, que están los del Napoli en línea…". ¡Debía de ser un mensaje muy importante como para que me buscaran en la playa! Otra sorpresa del destino.

Al otro lado de la línea, en pocos minutos, uno de los secretarios de la Sociedad dibujó en mi cabeza todo un nuevo horizonte: "Debes volver a Nápoles inmediatamente, porque mañana por la mañana tienen que salir para Castel Del Piano". Yo, en ese momento, obviamente pensé que era una broma, porque todavía estaba en el Allievi y, como mucho, los de Primavera podrían ir con los de Primera. El secretario, sin embargo, en tono serio insistió: "No, no, Ciro, no estoy bromeando. Tienen que ir, porque los seleccionaron para agregarlos a los de Primera…". Escuchaba esas palabras, pero no podía aceptarlas como reales. "Es una especie de recompensa por lo que hiciste la temporada pasada, el club decidió enviarte a la concentración con los grandes". No había sido una decisión de Rino Marchesi, el entrenador en aquel momento, sino de la Sociedad, que deseaba fervientemente regalar una oportunidad concreta a aquellos chicos que se habían distinguido por su compromiso, su disciplina y sus resultados.

Así que dejé Gaeta, la playa, el sol, el mar y mi balón de San Siro, pero sin dolor. Pasé corriendo por Nápoles solo para hacer mi nuevo equipaje y me dispuse —lleno de entusiasmo— a viajar hacia el norte, hacia lo alto.

Mi tiempo siguió —rápidamente— recorriendo trayectorias que iban mucho más allá de la imaginación. Me encontré en presencia de profesionales ya consagrados y conocidos jugadores a los que admiraba y animaba en el estadio desde mi asiento en la tribuna, todas personas que tenían encima un montón de campeonatos en la Serie A.

Entonces volví a ver aquella luz deslumbrante: Diego. Para atajar penales, en lugar de mi padre, estaba Luciano Castellini, famoso por su velocidad de reflejos, apodado —no es de extrañar— "El Jaguar". Para frenar a los que querían marcar goles, en lugar de los flacuchos de la playa, estaba el capitán Giuseppe Bruscolotti, apodado *Pal 'e fierre* —"Palo de hierro" para los que no mastican dialecto—. El sobrenombre ya lo insinuaba todo, pero la explicación me quedó clara cuando me topé con él durante un entrenamiento: había hierro en esos músculos.

La despreocupación de la juventud, en cierto modo, me ayudó a afrontar una situación tan nueva y peculiar. Decidí disfrutar de todo lo bueno que me sucediera, sin ansiedad. No pensaba obsesivamente en la posibilidad de convertirme en un profesional, estaba allí para aprender y encontrar muchos maestros. Había tenido suerte y era muy consciente de ello, así que tenía una actitud totalmente respetuosa y modesta. Terminado el entrenamiento, naturalmente éramos los más jóvenes los que ayudábamos a guardar las pelotas y los equipos en su sitio, una práctica que ya no se utiliza hoy en día. Las nuevas generaciones, los llamados *Millennials,* en cierto modo son más ambiciosos que nosotros, pero —y no lo pienso solo yo— les cuesta encontrar el camino de la humildad, muy a menudo ausente.

Yo era un chico tímido y educado, incluso demasiado. Por la mañana, a la hora de los saludos, derrochaba formalidad: "Disculpe, señor Bruscolotti; perdón, señor Maradona...". Era más fuerte que yo, todavía no podía soltarme. Porque es verdad que me decía a mí mismo que viviera todo esto con tranquilidad, pero al mismo tiempo todos los días —cuando me despertaba— no podía dejar de preguntarme: "¿Qué demonios estoy haciendo aquí? ¿Cómo ha podido suceder esto? Hace veinte días vi a Maradona por primera vez, premiándome entre los juveniles, ¿y ahora se supone que es mi compañero?".

En esa misma condición, creo, estaban los otros jóvenes que habían sido seleccionados junto conmigo para aquel inmenso regalo: mi amigo Patrizio Chiaiese, y también Zazzaro y Napolitano, que al menos ya habían jugado con el Primavera. Seguíamos recibiendo llamadas de amigos y parientes desde casa, con la pregunta más recurrente: "Pero, ¿conseguiste al menos un autógrafo?". Como si estuviéramos allí por casualidad, que de hecho era un poco así.

Una de las primeras tardes de la concentración, Patrizio y yo no pudimos resistir la tentación y fuimos a tocar a la puerta de Diego. Como dos tímidos aficionados, con el miedo de poder importunarlo, dijimos: "Diego, no queremos molestarte, pero nos gustaría tener un recuerdo de esta experiencia para llevarla siempre con nosotros. ¿Nos puedes firmar estas fotos?". Sonrió y escribió aquella dedicatoria, que aún conservo: "A Ciro, con todo mi afecto y cariño". "Con todo mi afecto y cariño" puede parecer exagerado. Sin embargo, puedo asegurar que esa fue en verdad —y siempre ha sido así— la manera de Diego Maradona de presentarse y ofrecerse a quienes lo querían. Y fue también así de generoso en su relación con el Napoli, pero eso ya lo veremos.

Patrizio y yo, una vez ganado el trofeo de la noche, nos apresuramos, felices, a volver a nuestra habitación. Cuando una voz nos detuvo: "Ciro, Patrizio, se olvidaron la lapicera...". Nos miramos, cómplices y asombrados: "No... ¿pero de verdad nos llamó por nuestro nombre? ¿Maradona?".

Mi costumbre de tratar de usted a mis nuevos camaradas pronto chocó con su pragmatismo. Diego seguía sin hablar muy bien el italiano, por supuesto. Pero nunca tuvo problemas para hacerse entender claramente. Al cabo de unos diez días de concentración, justamente Bruscolotti y Maradona me llevaron aparte y me explicaron la situación: "Ciro, ¡ya basta! No seas pesado. Sos uno de los nuestros y a partir de ahora somos compañeros de equipo...". No pude más de la vergüenza y me reí en sus caras, sacudiéndome el último bastión de una timidez que pronto daría paso a una expansividad más serena:

"Eh vabbè ja" —no exageren—. De acuerdo, me permito tutearlos, pero ¿cómo podemos ser compañeros de equipo? ¡¿Compañeros de equipo?!".

Esa concentración, para mí, era simplemente como un hermoso juguete, como un regalo. Una de las pocas en las que Diego —ahora que lo pienso— se quedó con nosotros. Había renunciado a mis vacaciones, pero no podía decirse que fuera un sacrificio. Enseguida me di cuenta de que había muchos que pensaban como yo: todos aquellos hinchas del Napoli que hubieran querido estar allí desde el primer momento. De hecho, aquel pueblecito de la Toscana ya estaba lleno del azul napolitano y el cielo, en este caso, no tenía nada que ver. Era un espectáculo increíble: la gente quería ver a Maradona, quería tocarlo.

Intenté empatizar al menos un poco con su estado de ánimo. Al fin y al cabo, él también era un muchacho joven, pero ya tenía que lidiar constantemente con esas voces que surgían por todas partes: "¡Diego! ¡¡¡Diego!!! ¡¡¡Diego!!!". Me preguntaba cómo lo hacía, tan pequeño como parecía: observé su satisfacción por vivir una nueva era, en un nuevo equipo, pero al mismo tiempo también me daba cuenta de lo difícil que era interpretar ese papel. Porque fue inmediatamente obvio para todos que ninguno del equipo podría haber atraído toda esa presión y atención que Maradona concitaba de manera constante e inevitable.

Sus amigos, los de su entorno, siempre lo han explicado bien: estaba Diego, el sencillo y generosísimo que creció en los suburbios más pobres de Buenos Aires; y luego estaba Maradona, el personaje construido *ad hoc* para actuar como escudo protector de las fragilidades íntimas y privadas. Pronto lo aprenderíamos y comprenderíamos nosotros también, que afortunadamente empezábamos a entrar en el círculo de los "elegidos". Aquellos que, precisamente, pudimos llegar a ver y conocer... a Diego.

El descubrimiento

Cada día era exactamente así: un descubrimiento, en el sentido etimológico del término —poder ver algo que estaba oculto—. Era así para nosotros, los chicos que aún nos considerábamos un poco como intrusos. Pero lo fue también, estoy convencido, para nuestros nuevos compañeros más maduros. Cada día, en aquellas canchas que el club había elegido para preparar la temporada, él nos mostraba cosas nuevas, sencillamente increíbles. Inimaginables e inalcanzables. Me pongo a veces a recordar, incluso después de tantos años, la fuerte sensación, que me quedó adentro, de que él podía hacer magia con la pelota, cosas que quizás solo vemos ahora. Diego era capaz de convertirlas en realidad cuando nadie se hubiera atrevido a pensarlas. Todo esto, por si fuera poco, con una naturalidad que desarmaba. Porque bastaba darle una pelota para hacerlo sentir bien, sin condiciones: se divertía como un niño, parecía verdaderamente en paz consigo mismo cuando jugaba con su fiel compañera. Y no puedo olvidar esa sonrisa de felicidad.

Maradona pronto comenzó a convertirse en la atracción central de todos. En cambio, durante los partidos de entrenamiento fue una verdadera pesadilla para los arqueros. Se divertía impresionándonos con sus jugadas, avisando de antemano lo que iba a hacer. Como los jugadores de billar, los más fuertes. Veía la posición del "pobre" arquero de turno e inmediatamente decía: "Ahora mirá cómo se la tiro... Se la voy a meter...". Le llegaba la pelota y listo, ¡gol! Sin cometer nunca un error.

Tenía una forma absolutamente única de tratar a la pelota, como si fuera un instrumento musical, como si él pudiera darle un sonido diferente del que logra cualquier otro. Diego acariciaba la pelota, mientras que nosotros la pateábamos. Él podía domarla, adiestrarla de una manera completamente desconocida para nosotros en aquel fútbol de entonces. Y todo a una velocidad que hacía la diferencia en aquel momento. Más de una vez, durante esa concentración, los chicos nos quedamos en fila incluso después del entrenamiento. Disfrutábamos viéndolo y a menudo nos dábamos cuenta de que no éramos los únicos. Lo admirábamos cuando empezaba a hacer jueguitos en una especie de danza en la que no podías percibir ninguna diferencia o distancia entre él y la pelota. Un solo cuerpo. Nosotros firmes allí mientras él hacía rebotar la pelota a un ritmo impresionante: con la cabeza, con la parte interna del pie, con la externa, con el hombro, con el muslo, con el talón y luego con el pecho, con absoluta precisión. Cada parte de Maradona parecía irremediablemente destinada a tener algo que ver con ese objeto: la pelota.

Yo, lo admito, vivía ese periodo de una manera completamente opuesta. Hacia el atardecer disfrutaba de la despreocupación de Diego junto con los demás, y durante el día afrontaba entrenamientos pesadísimos para mí. Nunca había hecho una verdadera concentración y, probablemente debido a la emoción, tras unos días de entrenamiento de simple carrera continua —ligero para los profesionales, pero muy duro para mí— caí al suelo. Desmayado. Luego, lentamente, empecé a acostumbrarme, gracias a pequeños detalles que aumentaban mi fuerza y mi convicción. Los dos verdaderos líderes de aquel grupo, después de todo, ya me habían dicho "¡Sos uno de los nuestros!", dándome una buena dosis de autoestima.

Cada tanto pensaba que tarde o temprano alguien vendría a terminar todo con un clásico "Bueno, se acabó y te vuelves con los juveniles...". Pero mientras tanto yo estaba allí, y mi enfoque había cambiado. Al principio solo quería disfrutar, pero después de un tiempo empecé a pensar que aquella era una oportunidad única y no quería desperdiciarla. Sentía que en cierto modo me habían adoptado los jugadores más experimentados, y Diego, sobre todo, que con solo veintitrés años y un carisma innato, era el líder absoluto.

Y hete aquí, pues, mi primer amistoso contra un equipo local, Maradona en la cancha y yo en el banco. A pocos minutos del final, Marchesi me pidió que entrara, con el resultado más que seguro de 8-0. Inmediatamente mis compañeros me animaron y yo miré a Bruscolotti, buscando un poco de aliento.

Nunca se olvida la primera vez y —en consecuencia— tampoco el primer "consejo" que, efectivamente, quedó fijado en mi cabeza para siempre, con toda su fuerza: "Dale una paliza a ese ahora mismo, que te hace volver loco. Hacele sentir los tacos, es un gambeteador...". Ni siquiera entendía si hablaba en serio o no, porque el "temible" oponente era un chico como yo, más o menos de mi edad, que no parecía tan feroz. Era la manera personal de Beppe de tranquilizarme y hacerme entender lo que debía hacer. En ese momento comprendí cuál sería mi rol. Aún hoy, cuando lo recordamos, nos reímos mucho.

También recuerdo otro episodio divertido de unos años más tarde. Durante el partido entre el Napoli y el Sampdoria, en abril de 1986 —justo antes del Mundial— yo estaba en el banco y presencié un duro duelo entre Bruscolotti y un joven Vialli, que en breve participaría en la Copa del Mundo. Beppe "cepilló" a Gianluca, que cayó justo al lado de mis pies; en ese momento *Pal 'e fierre* se le acercó de forma amenazadora y le dijo: "Vialli, ¿quieres ir al Mundial? Cállate y juega". Mis compañeros y yo estallamos en carcajadas. Es cierto que era una auténtica institución y aún hoy lo sigue siendo. Basta pronunciar ese nombre para que cualquier apasionado del fútbol —el fútbol de aquellos años— piense en el Napoli. Como si fueran sinónimos.

Pero volvamos a Castel Del Piano. Aquella era su decimotercera concentración con el equipo. Bruscolotti parecía marmóreo, era el Capitán por excelencia al que todos seguían, hasta que llegó Diego y empezaron a seguirlo a él, porque inconscientemente se sentían atraídos, lo que selló un pacto silencioso entre hombres. Ellos lo ayudarían a integrarse y a crecer como hombre; él, a cambio, haría que ese equipo tuviera, por fin, un papel protagónico en el panorama futbolístico italiano.

Una mentalidad nueva

Nuestra concentración llegó a su fin. Y me atrevo a decir "nuestro" porque esa frase que tanto temía, diciéndome que volviera con los juveniles, nunca llegó. Yo también estaba en el vuelo que nos llevó a Verona, para afrontar el primer día del campeonato de la Serie A de 1984-1985. Me acomodé en el banco, dispuesto a disfrutar de otra primera vez: vivir el partido de los mayores directamente desde el campo, sin tener que espiar desde lejos. Tenía los ojos puestos en el equipo pero, en particular, por supuesto, en Diego. Al fin de cuentas, también era su primera vez.

Lo marcó de cerca Hans-Peter Briegel, un gigante alemán, una montaña de músculos, que en noventa minutos le dio tantas patadas, que solo me provocaba una pregunta: "¿Cómo demonios hace Diego para mantenerse en pie?". Yo ya había recibido mi formación básica de Bruscolotti, así que sabía cómo interpretaban el fútbol los defensores de aquella época, podía esperármelo. Pero presenciar lo que ocurría, en directo, me impresionó.

Ni qué decir que a partir de entonces Maradona se convirtió en el principal objetivo de todos los defensores contrarios, que lo marcaron con una tenacidad sin precedentes. Intentaron limitarlo por todos los medios, con intervenciones increíbles e inconcebibles para el juego moderno.

Aquí, pues, emergía claramente otra cualidad inigualable de Maradona. Soportaba sin polémicas; se levantaba y recomenzaba inmediatamente, sin problemas, a veces sin necesidad de la intervención del árbitro. Estuvimos siete años juntos y, quizás una vez, lo haya visto protestar contra el Udinese. En la cancha recibía golpes increíbles, sin inmutarse nunca. No porque fuera sumiso —ni pensarlo—, sino porque su cuerpo y su mente eran altamente resistentes. Sin embargo, quiero decir que había cosas que le molestaban, pero solo cuando se trataba de la pelota. Porque realmente le encantaba y, como consecuencia casi inevitable, también estaba un poco celoso de ella.

Recuerdo que, en aquella primera temporada, compartía el ataque con el argentino Daniel Bertoni. Y también compartía con él el protagonismo. Tanto, que cada vez, ante la mirada divertida de nosotros, sus compañeros, sucedía que, cuando el árbitro concedía un tiro libre a nuestro favor, Diego inmediatamente agarraba la pelota, la ponía en el suelo, preparándose para patearla, pero a menudo llegaba Bertoni y la pateaba a traición, lo que causaba hilaridad en el grupo. Pero este descaro —¡repetido!— era evidentemente mal tolerado por Diego porque, como he dicho, era bastante posesivo con la pelota; sin embargo, nunca se produjeron roces importantes; la de ellos era una sana competitividad sobre la que todos bromeábamos alegremente.

Bertoni era un gran jugador, y en ese mismo campeonato marcó varios goles de tiro libre, que estimularon la rivalidad entre él y Maradona. Después, a partir de la temporada siguiente, empezó a estar mucho en el banco, hasta que fue cedido. Para divertirnos, le pedíamos explicaciones a Diego sobre la cesión, como sospechando que había tenido algo que ver con que a Daniel lo hubieran "echado" precisamente por esas pelotas disputadas. Sonreía divertido, pero ¿quién sabe?

Sonreía a menudo, sí. Siempre tenía una sonrisa para mí. Lo que me impresionó, a los ojos del muchachito que yo era, fue su humanidad y su altruismo al expresar su cercanía de manera protectora. Para los que, como yo, éramos más jóvenes e inexpertos, no había reproches. Podía haber llamados de atención, seguro, pero la cancha es sincera y, cuando estás allí, entiendes bien el tono. Hay quien las hace porque quiere decirte "No eres capaz", hay quien lo utiliza para estimularte: "Atento, estoy aquí contigo, mantente concentrado". Él era así, estaba contigo. Y decidió, desde el fondo de su corazón, estar en el Napoli. Y también con cada uno de sus compañeros, construyendo con todos una relación franca en la que nunca se puso en un pedestal.

Este era su inimitable secreto, que ya en aquella primera temporada, a pesar de resultados no del todo convincentes, empezamos a disfrutar. Su inmensa grandeza consistía en ser especial pero también "uno de los nuestros". Y sobre todo, en contagiar esa energía misteriosa que empezó a transmitirnos. Como si todos fuéramos... Maradona.

Pero volvamos a Verona. Hacia el final del partido calenté durante unos minutos; el nerviosismo reinaba, e incluso fue expulsado mi ídolo, Bruscolotti. No entré, pero tuve la clara sensación de que en aquel grupo que se estaba formando podría encajar y encontrar mi lugar. Un motivo de gratificación personal para mí, pero también un resultado final muy malo para el Napoli: perdimos 3-1 contra un equipo fuerte y organizado, que —no casualmente— acabaría ganando el *Scudetto*. Aquella fue una "lección" magistral, la prueba concreta que nos reveló inmediatamente una verdad: ni siquiera Maradona, si se lo dejaba solo, sería suficiente. Todos debíamos intentar dar más.

El estadio Bentegodi siempre fue el campo donde habíamos recibido más insultos, pero nuevamente pareció que el destino se había interpuesto, porque había llegado el hombre que a partir de entonces nos defendería, rechazando enérgicamente el trato discriminatorio al que desgraciadamente nos habíamos acostumbrado.

En su primera entrevista para *La Domenica Sportiva*[8] habló claramente, a todo el país, del racismo que hasta ese momento había afectado y dañado a Nápoles. "Ahora las cosas van a cambiar y van

---

8   Histórico programa deportivo de la televisión italiana.

a ver que lo entenderán pronto. Vamos a derrotar estas cosas inaceptables". Se había dado cuenta tanto de la hostilidad del entorno como de las dificultades objetivas en la cancha, para un equipo que todavía tenía que definir su construcción. Incluso ante otros micrófonos Diego fue explícito en su declaración, con palabras esenciales para explicar sus ganas de luchar. Siempre y en todo caso. Le preguntaron: "Diego, ¿el próximo domingo, la revancha?". Y él respondió distante: "Cada domingo es una revancha".

En ese momento existía el riesgo de que el entusiasmo por la llegada de Diego se convirtiera en desilusión, como el movimiento contrario de las olas lamiendo las ciudades marítimas. Pero, inexplicablemente, a partir del siguiente partido, el estadio de San Paolo siempre estaría lleno, siempre se agotarían las entradas. Napoli-Sampdoria fue así otro capítulo positivo de una historia que no cambiaría más, como si ya se hubiera escrito en sueños y convertido en un guion que seguir. El resultado final fue un empate insípido, pero para encender los corazones bastó con que Maradona marcara su primer gol de penal contra la "Samp".

El cariño del público era un fuego siempre vivo, y el entusiasmo era palpable. Aunque para nosotros el campeonato se perfilaba difícil en términos de resultados, incluso a menudo nos costaba abrirnos paso entre los hinchas para llegar en autobús al estadio. Los éxitos de la segunda mitad de la temporada, que se fueron dando gradualmente gracias a algunos cambios, habrían aportado nueva confianza y más entusiasmo, pero por desgracia no bastarían para resolver una temporada en la que todos habían depositado grandes expectativas.

Antes que de los resultados deportivos, Diego parecía preocuparse mucho más por fortalecer los cimientos de un entorno inestable, y tomó posición con valentía, sin vacilar. No tenía intención de renunciar a su papel de caudillo, de sincero amor por el pueblo en el que —en pocos meses— ya se había reconocido. Este claro compromiso se convirtió en el secreto de una fusión total, casi mística, entre él y los napolitanos. También, porque en los momentos difíciles Diego nunca se escondió: sigo considerando esa característica como una de sus mayores virtudes, a pesar de que algunos lo creían un defecto. Si tenía algo que decir, lo que fuera, nadie se lo podía hacer tragar, aunque se tratara de una verdad "incómoda". Como si entonces él ya supiera que los partidos, en realidad, no solo se juegan en la cancha. Como si fuese el único en comprender y asumir un papel bien distinto al de un simple futbolista.

Fue un precursor en la cancha, pero también en la comunicación, años y años por delante de los demás. Fue el primero en "romper" ciertas reglas para defender a su equipo, a sus compañeros y a sus hinchas. Porque Diego era uno con la pelota y con cada hincha, con los de su grupo. Aprenderíamos a conocer bien este aspecto de él, y la declaración tras el partido en Verona fue solo la primera de muchas. Como verdadero revolucionario, no tenía miedo de ir contra instituciones, contra clubes más fuertes y poderosos, sin que ello significara nunca una falta de respeto hacia el adversario. Esta mentalidad esconde su valor añadido, que nosotros, los "privilegiados", ya conocíamos bien y que pronto llegaría a ser comprendido por toda Italia.

El 24 de febrero de 1985 fue el día del encuentro Napoli-Lazio, la primera vez que Diego transportó a todos los hinchas del Napoli en una "nave espacial". Me había parecido un extraterrestre incluso el día en que, en medio de ese mismo campo, me había dado la mano por primera vez para premiarme. Se mostró ante todos con esos mismos rasgos durante aquellos noventa minutos. Un bello gol "robado" para abrir el espectáculo, un increíble gol con vaselina a mi amigo Fernando Orsi que, intentando atrapar la pelota, se encontró enredado en la red como un pulpo recién cazado. Luego, de nuevo, vendría la frutilla del postre: el triplete personal completado con otro gol directamente de un tiro de esquina. (Si el lector dispone de unos minutos de tiempo libre, mi consejo desapasionado es que vuelva a disfrutar de esas imágenes.)

Pocas veces he visto que un estadio entero festejara así. Probablemente el mismo efecto se haya producido en la piel de Diego, que dijo a la prensa al final del partido: "Es algo increíble sentir que la gente de Nápoles me quiere. Es lo que más me gusta". Fue un hito importante, como una liberación. A partir de entonces empezamos a cambiar nuestro enfoque, porque nos había demostrado concretamente que podía hacerlo todo. Era capaz de hacer cualquier tipo de jugada y, después de un poco de "aprendizaje", demostró que podía hacerlo incluso en un fútbol duro como el italiano, aun en espacios reducidos. Brindaba el espectáculo, pero al mismo tiempo luchaba siempre, y con su ejemplo logró cambiar nuestra mentalidad.

Unos días después fuimos a jugar de visitantes contra el Cremonese. Nosotros, a esa altura, teníamos pocas posibilidades de clasificar, pero nuestros adversarios, en cambio, se jugaban el descenso. Corrió y sudó durante todo el partido, incluso en defensa, como si fuera el más importante, como si fuera el último. Nos hizo comprender con hechos lo que necesitábamos para crecer, al menos a partir del año siguiente. Luchar siempre, darlo todo siempre, y contra cualquier adversario. Que si bien su talento nos había ayudado, no habríamos podido obtener nada importante sin ese cambio de mentalidad. Y él, cuando no sonreía mientras jugaba con la pelota, sabía ser un martillo impulsor desde el punto de vista psicológico. Equipos como el Napoli estaban acostumbrados a darlo todo solo contra rivales más grandes y temidos, a interpretar esas ocasiones como las más adecuadas para salvar temporadas por lo general anónimas, tanto como para "sobrevivir". Ahora ya no era suficiente: nos hizo entender de una vez por todas —con sus gestos y con su cansancio— que debíamos empezar a vivir y a mirar hacia lo alto, hacia donde él apuntaba.

En cuanto a mí, empezaba a ganar confianza y a interpretar bien su mensaje. El mismo que más tarde encontré sintetizado en una canción de Pino Daniele, otra alma espacial que me unía a Diego, también en la música: *"Se a voi sta bene così, guardare il mondo che passa. Se a voi sta bene così, a me non mi basta*[9]*...."*

Mi primera vez

Seguía mirando todo desde el banco. A esa altura, efectivamente me sentía uno del grupo, entrenaba con los mayores, aunque, pensándolo bien, seguía existiendo una diferencia. Cuando iba al San Paolo para entrenar, usaba mi ciclomotor, y cada vez que cruzaba el portón los hinchas me lo hacían notar a su manera: *"Ferrà, quanne t' 'a accàtte 'na machina*[10]*...."* Se divertían burlándose un poco y yo me reía.

Cuando llegaba el día del partido, en cambio, estaba concentrado al máximo: hacía calentamiento cada vez más a menudo, pero el campeonato se acercaba a su conclusión sin haberme permitido la emoción del debut. Diego, una vez más, fue decisivo, con esa forma de decir cosas serias medio en broma. Un día, durante el entrenamiento, lo encontré a mi lado y me sorprendió como hacía con todos: "Ciro, te vi calentar mucho en los últimos partidos, pero nunca entraste...". Yo enseguida aproveché y respondí: "Y sí, Diego. Me gustaría tanto poder debutar, pero falta muy poco para el final de la temporada y me temo que no lo voy a conseguir". Y él, sonriendo, otra vez: "¡Ciro, calentás demasiado lejos del entrenador! Vas siempre

---

9   "Gente di frontera", de Pino Daniele: "Si a ustedes les parece bien mirar el mundo que pasa así. Si a ustedes les parece bien así, a mí no me basta".

10   ¿Cuándo te vas a comprar un coche?

cerca de la bandera de córner y él se olvida. Tenés que pasar y pasar delante de él, si no, no te ve...".

Ese consejo me fue muy útil. Domingo 5 de mayo de 1985: una fecha que no podré olvidar porque fue el día de mi esperado debut en la Serie A. En el San Paolo se jugaba el Napoli-Juventus, "El Partido" para cualquier napolitano. A los pocos minutos Ferrario se lesionó y fui a calentar, pero esta vez no demasiado lejos de la bandera de córner. Poco después llegó la "llamada" y me encontré en la cancha. Otra alegría inmensa. A menudo, incluso hoy, vuelvo a ver ese partido y obligo a mis hijos a verlo conmigo. Se burlan de mí: "Escribieron que jugaste un gran partido, pero que corrían a dos por hora y que fue un clásico partido de final de campeonato, de esos en los que te conformas con...".

En realidad, entre el Napoli y la Juventus el resultado nunca conforma a nadie y ese día me tocó marcar a un tal Boniek. El entrenador nos decía: "Aunque vaya al baño a hacer pipí, tienes que acompañarlo"; además tenía frescas en la mente las enseñanzas de Bruscolotti y las del propio Ferrario, que a su modo había tratado de explicar nuestro rol y función central con otras palabras: "Ciro, la pelota larga nunca es corta. Y la pelota allí nunca está aquí...". Un tipo de lenguaje poco descifrable, puedo entenderlo. Como decir: "Ciro, no seas pesado. Nosotros tenemos que ser defensores: cuanto más lejos esté la pelota de nuestra área, mejor para todos...".

Intenté unir todas esas nociones de la mejor manera posible, quizás por la emoción incluso exageré un poco. El hecho es que al final del primer tiempo, Boniek abandonó el campo debido a una colisión "involuntaria". Terminó 0-0, pero para aquella Juventus iba a ser su último partido contra nosotros sin sufrir demasiado, con Diego en la cancha. Todo el mundo empezó a hablar bien de mí, de una manera diferente. Había tenido suerte, pero también demostré que me lo había merecido. Algo en mi cabeza cambió para siempre: había llegado mi hora de crecer, estaba listo para hacerme grande, estaba listo para unirme al primer equipo de manera estable, y para abrir un nuevo y hermoso capítulo de mi vida y de mi historia.

Las promesas hechas a mis padres no podía incumplirlas: me había comprometido al máximo con los botines en los pies, pero tenía que hacer otro tanto con los libros en la mano. Estaba en el último año de Perito Mercantil y, tras haberme esforzado discretamente por seguir el programa de estudios, me preparaba para los exámenes finales de la Secundaria. Los resultados escolares no defraudaron las expectativas de papá y mamá. En aquel verano cumplí con todas mis obligaciones y ambiciones, y me proyecté con satisfacción hacia el futuro.

3

UN ÁNGEL EN EL BARRO

"Si fuera con un traje blanco a un casamiento y
de repente me llegara una pelota embarrada,
la pararía de pecho. Sin pensarlo."

Hay algo que duele en el corazón, para aquellos que han conocido realmente a Diego como yo. La opinión general y dominante, con los años, ha reconocido, sí, su genialidad; pero también, sobre todo, ha retratado a Maradona como un "mal ejemplo". Nada más fácil de refutar, por no mencionar que él mismo ha repetido una y otra vez un concepto muy claro: el ejemplo, para los jóvenes, debe provenir de los padres y de la escuela, no de un futbolista.

Desde el comienzo de nuestros más de treinta años de amistad, siempre reconocí en Diego la belleza de un carácter claroscuro, de esos que consiguen ser, en su matizada imperfección, profundamente fascinantes. Hombres de naturaleza ciertamente contrastante, ciertamente atormentada, con poderosas zonas de luz y sombra, diluidas unas en otras en la gradación perfecta para amplificar su carisma. Imagino que, para un muchachito o un niño de hoy, la figura de Diego equivale muy probablemente a la de un jugador genial, pero también a la de una especie de diablo.

En cambio, Diego era capaz de asombrar también en sentido contrario, mostrando la parte de su alma pura y buena, que es predominante. Podría haber cientos de ejemplos para demostrarlo, pero uno en particular dejó una huella en mi corazón para siempre.

Corría el año 1985. Por aquel entonces Diego Armando ya era "Maradona", ya era una figura gigantesca, de una categoría especial. Tenía dimensión mundial, diferente del resto de nosotros. Sin embargo, nos hablaba y, sobre todo, nos escuchaba como un verdadero amigo. Era su primer invierno en Nápoles, en la tierra de los "olvidados", pero nos demostró definitivamente que se convertiría en su nuevo hogar.

Había estrechado lazos con todos y, en particular, con Pietro Puzone, un futbolista talentoso que lamentablemente se perdió un poco a lo largo de su carrera. Pietro vivía en Acerra, un pueblo a solo quince kilómetros de Nápoles. En el campeonato no íbamos muy bien y el club no estaba satisfecho, visto también las inversiones realizadas y las expectativas que toda la ciudad tenía puestas en nosotros. Al menos durante una semana, sin embargo, Diego decidió que lo más importante —para todos— pasaría a ser otra cosa.

A Pietro lo había contactado un compañero del pueblo: su hijo tenía una enfermedad grave y rara, solo una costosa operación en el extranjero podía salvarlo, y así fue que le pidió a Puzone que lo ayudara a través del Napoli. Un partido amistoso en Acerra: lo recaudado donado a esa noble causa sería la solución ideal.

El club ni siquiera consideró la hipótesis, porque era demasiado arriesgada para un equipo que ya tenía sus problemas. Los problemas, fundamentalmente, eran dos: el temible Torino llegaba ese domingo, y una derrota hubiera traído consigo el riesgo de entrar en zona de descenso. La eventual lesión de un jugador en ese amistoso hubiera complicado las cosas, sin tener en cuenta que las compañías de seguros —en ese caso excepcional— no habrían cubierto las posibles consecuencias de cualquier daño desde el punto de vista económico. Los intereses y el negocio, ya entonces, estaban antes que nada. Pietro, sin embargo, en virtud de su amistad decidió dirigirse directamente a Diego. La respuesta fue chocante, sí, pero en un sentido positivo: "Al carajo el Lloyd's de Londres. Hay que jugar el partido para ese nene".

El asunto se convirtió rápidamente en una espléndida realidad, como solo él podía hacerlo. Pagó de su propio bolsillo 12 millones de liras a la compañía de seguros para cubrir cualquier riesgo, salió a la cancha contra el Torino y marcó un penal a pesar de un problema en los abductores. El Napoli ganó aquel importante partido bajo una lluvia intensa, y el lunes siguiente se presentó de nuevo —puntualmente— en la cancha... Diego nos había llamado, y yo fui también porque, en definitiva, era una de las pocas ocasiones en esa temporada para jugar como titular.

Calentamos en medio de un estacionamiento, en una situación absolutamente surrealista. Y terminamos en un campo de papas, más que en una cancha de fútbol, para comenzar el reto que Diego había decidido aceptar de todo corazón. A nuestro alrededor, edificios derruidos que se confundían con el cielo gris, mientras la gente contenía su entusiasmo desbordadante solo gracias a vallas improvisadas y observando incrédula a Diego Armando Maradona justo allí donde ciertos "campeones" ni siquiera irían de visita. En lugar de eso, empezó a correr, a ensuciarse de barro y a crear maravillas con la pelota de esa forma única que lo distinguía. Sin escatimar esfuerzos. No había lugar ni para estar de pie, la capacidad aceptable del "estadio" de Acerra era de unas cinco mil personas, pero llegaron muchas más del doble. Y, por todas partes seguían sonando esas voces que no paraban nunca: "¡Diego! ¡¡¡Diego!!! ¡¡¡Diego!!!". Todos lo llamaban, todos lo buscaban como siempre.

El objetivo, al fin y al cabo, se había conseguido: la recaudación se había hecho y el niño podría afrontar esa importante operación. El partido, en sí mismo, podía tener poco significado... para cualquier hombre normal, tal vez, pero no para Diego. Cuando el árbitro silbó el comienzo de aquel extraño desafío, la gente, su gente, lo vio embarrarse y luchar incansablemente. Incluso allí, donde alguien como él no debería haber estado. Yo estaba extasiado. Algunos de los jugadores más maduros que habían venido con nosotros, sin embargo, temiendo el riesgo —en ese momento real— de lesión, intentaron disuadirlo. "No exageres, Diego. Ya has hecho tanto...". Su respuesta fue rápida e inevitable, como uno de sus goles: "Vos no entendés quién es Maradona, yo solo juego para ganar, ¡sea quien sea el rival!".

Efectivamente era así, ya lo habíamos entendido en nuestros partidos de entrenamiento, donde si por casualidad fallaba algunas jugadas, se iba... *frèva*, como decimos en dialecto. Perdía la cabeza, en resumen, porque con una pelota de por medio no podía perder. Así que, por supuesto, dio espectáculo en medio de esa escena increíble, que parecía de una película. Cerró aquella tarde lluviosa con un espléndido solo, un gol en el que saltó por encima de todos —incluso del arquero rival—, como haría un año después ante el mundo entero y en un escenario muy diferente. Y así convirtió el dolor en una fiesta, como saben hacer los ángeles. Con la camiseta y los pantalones cortos manchados con el barro que su gente conocía tan bien. Al menos ahora había alguien que podía intentar hacérselo olvidar.

En mi corazón y en mis recuerdos ese día está impreso como un símbolo de cercanía, de participación sincera, resultado de una elección irracional (¡pero del corazón!) absolutamente inconcebible para un futbolista de ese nivel hoy en día, pero —puedo asegurarlo— incluso de entonces. Cuando vuelvo a ver esas imágenes pienso con una sonrisa que, tal y como están las cosas, nuestro club podría habérsela hecho pagar caro. Y en cambio fue maravilloso descubrir lo contrario. El club, de hecho, no tomó ninguna acción contra los que habían participado en aquel partido amistoso. Sabían muy bien lo que pasaría si intentaban multar a Diego por algo así: él no se lo hubiera tomado bien. Y si hubieran intentado hacerlo con alguno de nosotros, ¡se lo habría tomado aún peor!

Este, en realidad, era Diego. Aunque soy bien consciente de que para muchos será difícil aceptar completamente la idea de que era sustancialmente un buen tipo. Porque sus gestos eran siempre libres y sinceros, instintivos y ciertamente no publicitarios. No dirigidos, en modo alguno, a la construcción de una imagen calculada. Esta franca autenticidad lo penalizaría tanto... No era astuto, no en esto.

Otro episodio que recuerdo fue cuando, junto con el entonces presidente de la provincia, Franco Iacono, decidió hacer una visita a los muchachos de la cárcel de menores Filangieri. Al pedido de Iacono respondió: "La hacemos, pero con una condición. Vamos solo vos y yo, y la prensa no debe descubrir nada". Porque él sabía —y creo que siempre supo— que el bien se hace pero no se dice. Tal como enseñan los ángeles.

4

DIFERENTE, PERO IGUAL A NOSOTROS

"Sí, me peleé con el Papa. Porque estuve en el Vaticano y vi todos los techos de oro. Después escuché que la Iglesia se preocupaba por los chicos pobres. Entonces vendete el techo, amigo. ¡Hacé algo!"

Estábamos en el avión, listos para comenzar nuestra segunda concentración. Diego se uniría a nosotros más tarde esta vez, porque estaba ocupado con el equipo de su Nacional. Nuestro destino final era Madonna di Campiglio, pero el aterrizaje estaba previsto en Trento. Uno de los vuelos más terribles y turbulentos de toda mi vida. El tiempo era pésimo, el cielo hinchado de relámpagos y truenos, el avión caía en pozos de aire y a muchos de nosotros, en lugar de la sonrisa habitual, empezó a invadirnos el terror. Cambiamos tres veces de destino para aterrizar: primero Trento, luego Verona, después Bolzano, finalmente de nuevo Verona. Estábamos realmente asustados, aunque afortunadamente todo terminó bien. Aquel día nuestro nuevo compañero, Eraldo Pecci, decidió no volver a subirse nunca más a un avión. Era un tipo alegre, chistoso. Cuando tocamos tierra, todavía bastante pálido, nos dijo: "Les juro que esta vez me hice encima. No quiero saber más nada de esto". Pensamos que era una de sus bromas, pero realmente durante todo el año se organizó con coches y trenes para alcanzarnos cuando nos tocó jugar de visitantes. Aquel viaje se convirtió en la metáfora perfecta del pasaje entre una temporada y otra, con muchos sobresaltos y turbulencias antes de encontrar... la serenidad.

El primer año de Diego, en la cancha, no había dado los resultados que todos soñaban. El Napoli terminó el campeonato en octavo lugar y los periódicos empezaron a hablar de una posible despedida de Maradona, decepcionado por la realidad que había encontrado. Chismes, para nosotros que conocíamos muy bien la verdad cotidiana. Él era un futbolista especial, también desde el punto de vista psicológico: después de la mala experiencia en el Barcelona había comprendido algo, sobre todo, sobre sí mismo. Para jugar de la manera que él podía, necesitaba amor. Su gasolina. Y precisamente en esos meses, cuando la opinión general ya temía lo peor para el final de esta historia, él, en cambio, había comprendido perfectamente que en el Napoli y solo en Nápoles encontraría ese combustible tan especial. Rabia y amor, los ingredientes esparcidos en cada esquina de mi ciudad.

El equipo, ciertamente, desde un punto de vista estrictamente técnico necesitaba algunos retoques y Diego, que cuando había que decir las cosas nunca se hacía desear, se lo dejó bien claro al presidente Ferlaino. Así fue que llegaron el arquero Claudio Garella, los defensores Massimo Filardi y Alessandro Renica, nuestro conocido centrocampista Pecci (que nunca volvería a ver un avión ni en fotografía) y el delantero Bruno Giordano. Un giro importante, un refuerzo sustancial para cada sector. Adquisiciones acertadas, bajo el manejo de un nuevo dirigente de gran calidad que se llamaba Italo Allodi. Era un hombre de alto perfil, una persona con la que el propio

Maradona pronto encontró una sintonía especial. Destacaba por su competencia profesional y sus modales, amable y educado. También trajo consigo a un joven Pierpaolo Marino a esta nueva aventura. Diego descubrió en Allodi un nuevo aliado, un apoyo inestimable para traducir en hechos concretos su fuerte deseo de mejorar, de por fin llevar al equipo a lo más alto.

En las cuestiones del mercado de pases, se trataba esencialmente de una verdadera "colaboración": porque Diego también ponía de su parte, y Giordano nos reveló la verdad durante la concentración. El año anterior, durante el partido contra el Lazio, fue el propio Maradona quien lo persiguió —entre jugada y jugada— "cortejándolo" insistentemente: "Sos fortísimo, y tenés que venir con nosotros; venite con nosotros para ganar juntos...". Era inútil negarlo, el Napoli ya se había vuelto mucho más atractivo también para jugadores de cierto nivel. Porque ahora eligiendo ese lugar, que durante años había sido difícil y, desde luego, no "prioritario", se podía disfrutar del privilegio de jugar junto al más fuerte de todos. Y los futbolistas, ciertas cosas las entienden bien.

El equipo estaba mucho más maduro y preparado gracias a estas incorporaciones. Y el liderazgo también cambió, porque en lugar de Marchesi llegó Ottavio Bianchi. Un hombre mesurado y de modos reservados, con una mentalidad fuerte y una idea de fútbol extremadamente rigurosa. Todas cosas por las que se podría pensar superficialmente: "No va a resistir mucho en el Napoli...". Otro prejuicio al cual superar, a la medida de Diego.

Bianchi comprendió inmediatamente —era la primera de sus misiones— que tenía que aislar y proteger a ese equipo de todo lo demás. Blindar a un grupo destinado a recibir atención en términos de prensa y expectativas, pero a lo cual aún no estaba acostumbrado, resultó ser una buena jugada. Como hombre inteligente y experimentado, comprendió otra cosa, y nos la explicó: teníamos que tomar conciencia de que teníamos un futbolista especial en el equipo, el más fuerte de todos, por lo que —al menos de vez en cuando— podíamos tolerar alguna actitud particular suya. Quizás un retraso, un entrenamiento menos, cosas así. No se trataba de favoritismo sino de hacer la vista gorda en caso de que fuera necesario. Porque cuando estás dentro de un grupo las reglas deben ser las mismas para todos, de lo contrario se hace difícil de manejar. Es decir, todo debe quedar claro y acordado desde el principio. Entendimos perfectamente sus palabras y decidimos adoptar conscientemente su línea de pensamiento. Reconocimos la diferencia, comprendimos la diferencia entre Diego y nosotros. Porque era cierto que Diego estaba en otro nivel, pero al mismo tiempo nos necesitaba, a nosotros y a nuestro apoyo.

De ese desequilibrio solo aparente, de ese orden desordenado, nació un grupo realmente fuerte, dispuesto esta vez a luchar sin escatimar esfuerzos para llegar a la cima. Un conjunto de personas en el que el alma napolitana seguía muy viva y que ayudó a Maradona a sentirse cada vez más como en casa. Ya era un *scugnizzo*[11] también él. Era diferente, pero igual que nosotros.

Ahora tú conduces, Diego

La base sólida sobre la cual construir algo finalmente extraordinario estaba lista. Un último gesto completó la obra. A partir de la temporada 1985-1986, su segunda en el Napoli, Diego Armando Maradona se convirtió en el capitán de aquel equipo. Pasé veintiún años de mi vida entre botines y vestuarios, pero nunca he visto una escena similar a la que voy a relatar. Giuseppe Bruscolotti, un jugador consagrado, que para entonces ya había jugado trece campeonatos con

---

11   Chico de la calle.

esa camiseta, sudando y sufriendo, una autoridad indiscutible y un líder, eligió por voluntad propia dar un paso al costado. Íntimamente compartía la idea del nuevo entrenador y decidió que había llegado el momento de dejar su brazalete a Diego. Con admirable madurez, había comprendido que apoyar a Maradona, en todo, debía convertirse en la principal tarea de cada uno de nosotros. Y —como un verdadero capitán— lo explicó con hechos, antes que nadie, entregándole el símbolo de liderazgo más importante, así como una parte de sí mismo. Fue la mejor manera de entregar las llaves de ese equipo y de ese entorno, pero también el modo más sincero y fuerte de responsabilizarlo. Un regalo hermoso y raro que valía mucho más que cualquier palabra, pero al mismo tiempo implicaba algo: "Diego, te doy mi brazalete, tienes que guiarnos porque puedes. Ahora debes llevarnos hacia un sueño que todos queremos vivir… ". Desde el momento exacto en que Maradona se lo ajustó en el brazo, sintió el peso gratificante de la confianza de todo un equipo y no pudo hacer otra cosa que encender el motor del cohete que nos llevaría a todos más allá de las alturas soñadas.

Yo empezaba a sentirme cada vez más parte de esa realidad, todavía un poco de cuento de hadas para mí. En aquella segunda concentración me di cuenta de que el entrenador Bianchi y mis compañeros me trataban ahora como a un jugador "normal", ya no como a un juvenil. Empecé a dormir en la habitación con Salvatore Bagni, aunque, para ser honesto, dormir no es el término apropiado. Era un muchacho lleno de energía, dentro y fuera del campo de juego. Cada vez que volvía a su habitación abría la heladera y comía y bebía de todo, desde chocolate hasta bebidas cola. Y después, como broma, me llenaba de puñetazos, pesados como caricias, que empezaron a sellar una linda amistad, muy importante en la construcción de aquella fantástica historia.

Otro hecho, más tarde, cambió definitivamente mi punto de vista: una vez terminado la concentración, volvimos a nuestros tradicionales entrenamientos en el San Paolo y una de las primeras "batallas" de Diego, como nuevo capitán, fue como una sonrisa dirigida precisamente a nosotros, los jóvenes. Los que eran como yo, en aquel entonces, ni siquiera teníamos un contrato. Hubiera necesitado al menos catorce presencias en la Serie A para ganarlo, así que nuestra única fuente de sustento eran las primas. Lástima que las nuestras eran netamente inferiores a las de los profesionales; además, había que pagar un pequeño "impuesto", un acuerdo tácito de que cualquier ingreso también tendría que compartirse con masajistas y empleados, para cubrir los gastos. Un acuerdo que todos, faltaba más, siempre habíamos aceptado. Una costumbre que, sin embargo, al alma rebelde y revolucionaria de Diego no le gustaba nada: "Los chicos que están con nosotros, que entrenan con nosotros, que van a la concentración con nosotros, tienen derecho al mismo porcentaje que nosotros en las primas. Así que a partir de ahora será así". Luego me llevó aparte, se aseguró de que nadie pudiera vernos, me dio una cachetadita cómplice y me dijo: "Así al menos vas a poder comprarte el coche".

El grupo estuvo de acuerdo y mi situación financiera empezó a mejorar inmediatamente, tanto que al regreso a Nápoles por fin pude comprarme mi primer coche. Así que, cuando volví a los entrenamientos en el San Paolo con cuatro ruedas en lugar de las dos de mi ciclomotor, esos mismos hinchas que se habían burlado de mí durante toda una temporada me recibieron una vez más a su manera. Con ese inimitable estilo que consigue mezclar a la perfección risa y vida: *"Ferrà, t' 'e fatt 'e sòrd eh..."*[12]. Imposible escapar de su mirada atenta y su simpatía cómplice. Fueron, de hecho, mis primeros ahorros como futbolista.

---

12   En dialecto napolitano, significa que alguien consiguió tener dinero.

Todo brillaba ante mis ojos. A menudo íbamos a cenar juntos, incluso con nuestras familias. Allodi en esto se distinguía: invitaba a todos, incluso a nosotros, los más jóvenes; tenía la suficiente claridad de pensamiento para entender que, a pesar del talento de Diego, solo la formación de un grupo fuerte podría conducirnos hacia un futuro especial. Nos reuníamos en restaurantes, pero también en casa de Bruscolotti, que siguió siendo capitán sin brazalete por siempre. Si éramos veinte, su mujer preparaba para... cuarenta. Nunca he visto tanta comida servida en una mesa. Se respiraba buena onda, siempre había un motivo para celebrar y para estar juntos. Diego parecía feliz con todo esto; él, Pecci, Giordano y Bagni eran los más salvajes. Nosotros los chicos los seguíamos, apoyando tímidamente. En medio de las risas existía la convicción de que esta vez, de verdad, algo estaba cambiando. Ahora había un grupo fuerte como una roca, un entrenador exigente que conseguía mantener un ambiente tranquilo y protegido. Una perspectiva diferente estaba abriéndose ante todos nosotros. Una idea nueva. Igual que la que nos fulguró una vez más, dándonos otro motivo para festejar. Gracias a Diego.

Lo imposible está aquí

Hay momentos que llegan, y no vuelven a repetirse más. Los seres humanos tendemos a cristalizarlos en fechas que, dentro de un rumbo, definen el momento de la verdad, el comienzo de la revolución, la mecha que lo enciende todo. Para cualquiera que haya seguido la historia del Napoli de Diego Armando Maradona hay un día preciso, el 3 de noviembre de 1985, en el que se presentó el instante mágico. Unos pocos segundos y un toque único, que parte siempre de ese pie izquierdo y que transforma lo imposible eliminando, de una vez por todas, ese prefijo negativo tan molesto. Cualquiera que haya visto lo que pasó —desde el campo de juego o, en todo caso, desde las tribunas— se podrá narrar más o menos la misma historia. Ocurrió una especie de milagro. Solo después de esa pequeña fracción de tiempo, para aquel Napoli finalmente todo se convirtió en posible.

Nuestro campeonato había empezado con altibajos. Diego ya había dado una importante prueba de su determinación contra el Verona, campeón de Italia de entonces: 5-0 para nosotros y básicamente noventa minutos de puro espectáculo, con otro de esos goles que se han convertido en leyenda. Pero fue solo el aperitivo. El plato principal llegaría dos semanas después, durante el siguiente partido en el San Paolo. Era una tarde gris y lluviosa, con un cielo eléctrico, casi espejado, y sin embargo el estadio estaba tan lleno como siempre. Noventa mil corazones bajo una interminable fila de paraguas que más tarde servirían para intentar resguardarse un poco de la emoción. Frente a nosotros la Juventus, considerada la favorita absoluta porque había ganado con bastante facilidad los ocho partidos anteriores. En los anuncios del evento, el tema de siempre: de un lado los ricos, fuertes, bellos e invencibles; del otro, los sucios e incapaces, desde luego no aptos para participar en la "gran gala" del *Scudetto*. Diego sabía que ese sería el reto más importante, el teatro perfecto. Jugó de una manera literalmente divina todo el partido, como poseído por una fuerza superior. Más de una vez intentó una acción personal y los rivales solo pudieron detenerlo gracias a faltas muy pesadas y repetidas. Recuerdo bien las caras de aquellos defensores, que después de elegir la única solución a su disposición se dirigían al árbitro con una expresión que lo decía todo: "Lo sé, es falta. Pero es prácticamente imposible pararlo, excepto así...".

Yo había empezado a jugar más a menudo, pero aquella vez me vi obligado a quedarme fuera por una lesión. Una gran pena que se convirtió de alguna manera en un pequeño privilegio. Decidí seguir el partido desde la cancha y no desde la tribuna, y me situé más o menos detrás del arco donde atacaba el Napoli durante el segundo tiempo. La perspectiva perfecta para disfrutar de la escena decisiva, el acto final. En el minuto setenta y dos se pitó un tiro libre indirecto para nosotros. Hubo muchas protestas, los jugadores de Juventus en principio no quisieron aceptar la decisión del árbitro. Despúes empezaron a ignorar la distancia reglamentaria, quejándose de la barrera. Todos discutían en el terreno de juego hasta que Diego, ya cerca de la pelota, dijo: "Ok, dale. Yo tiro, total igual voy a hacer gol". También en este caso, el único consejo que puedo dar es tomarse un minuto para ir a ver la acción. No será lo mismo que haber estado allí, pero al menos permite imaginarla mejor. Una verdadera magia, una trayectoria impensable para cualquier ser humano. Y de nuevo Diego, que para festejar corrió justo en mi dirección. Y después todo el San Paolo se volvió loco, literalmente. Los noticieros de la noche darían más tarde el "diagnóstico" oficial: cinco desmayos y dos principios de infarto en el estadio, pero todos los protagonistas estaban convencidos de que había valido la pena.

He hablado a menudo de esta acción con Stefano Tacconi, y cada vez que me encuentro con él le tomo el pelo cariñosamente. Fue un excelente arquero, pero muchos lo recordarán sobre todo por ese gol... sufrido. Es la gran desgracia de nosotros los defensores, que tenemos que evitar goles, y estamos destinados a permanecer en la memoria más por un error que por muchas buenas jugadas. Stefano me confió varias veces: "Ciro, la verdad es que me esperaba un fuerte tiro de Renica. Todo el mundo suele patear así ese tipo de tiros libres". Ahí lo tienes: no había tenido en cuenta el hecho de que Maradona nunca, jamás habría dejado que Renica pateara ese tiro libre. El secreto y la magia de ese gol provenían de su trayectoria imprevisible. Era el minuto setenta y dos del partido más importante para todo un pueblo, la barrera estaba a no más de seis metros de distancia. Nadie hubiera podido poner esa pelota en donde acabó. Diego ha hecho mucha magia, pero sigo convencido de que esta, desde un punto de vista puramente técnico, debe ser clasificada al menos entre las mejores cinco. Una trayectoria así no puede considerarse normal. Probablemente el propio Tacconi aquella vez confió demasiado en el concepto de normalidad y se dejó engañar. Todavía no me explico cómo Diego consiguió sacar adelante esa jugada, justamente glorificada y celebrada como una fotografía representativa de toda aquella temporada.

Le habíamos ganado a la Juventus de Platini, el rival de todos los tiempos. Habíamos logrado la hazaña que el pueblo nos había estado pidiendo cada día sin cesar, sabíamos que para ellos sería una inmensa alegría. Diego también lo sabía bien y dijo: "Este gol y esta victoria son para mi gente. Es lo que se merecen". Por supuesto, en el vestuario también estalló el festejo. Y cuando fuimos a preguntarle, todavía asombrados, cómo demonios había concebido esa jugada, nos encontramos con su asombro. A él todo le parecía normal y lógico, estaba tranquilísimo y repetía: "¿Qué tiene de especial? Pateé así, se la metí con la fuerza justa...". Su nivel de percepción gravitaba entre la locura y la grandeza.

Aquel gol nos dio a todos una energía increíble, compendimos definitivamente que teníamos al lado a un jugador extraordinario. Algunos rituales de motivación nacidos con él lo demuestran: desde que se había convertido en capitán, cada vez esperaba a que nos pusiéramos en fila en el túnel antes de salir a jugar para pasar y chocar los cinco a todos. Nos miraba a los ojos y trataba de darnos esa misma fuerza, como si todos fuéramos como él, como si todos fuéramos uno. Sucedía a menudo que esa carga fuera suficiente para sentir que los partidos los podías ganar aún antes de que los tacos tocaran el césped. Como si pudiéramos comenzar con ventaja.

La sensación que todos los jugadores de aquel plantel tuvieron durante el tiempo que Diego estuvo en él, era esta: que los que venían a Nápoles a jugar contra nosotros por fin temerían a un equipo que estaba creciendo y a un público que lo sostenía con locura. Los rivales, ya a su llegada, sabían bien que iba a ser un día difícil... Fue sobre todo sugestión, claro. Pero pronto empezó a ser una certeza objetiva: había nacido un equipo que, sobre todo en ataque, tenía poderes incuestionables. La loca idea de poder conseguir el primer *Scudetto* de la historia de ese club se generó concretamente —por primera vez— justo después de aquel partido, después de aquel gol. Teníamos características técnicas y temperamentales importantes, conseguimos cambiar el rumbo en los partidos de visitantes, hacernos respetar más en la cancha.

Maradona, por supuesto, fue central en este proceso: el brazalete de capitán le dio aún más energía, que nos transmitió a nosotros y también a los micrófonos durante las cada vez más numerosas entrevistas. Cada una de sus declaraciones de los domingos era como ir incrustando parte de un mosaico, hechas a propósito para que todo el país comprendiera que esta vez en la mesa de los grandes estaría también el Napoli, un equipo que ahora pretendía ser respetado. El mismo mensaje se nos transmitía verbalmente durante los entrenamientos, de un modo menos formal y más directo: "¡Ya basta, hay que ganar!". Nos incitaba con sus palabras y con sus actitudes.

En los partidos de la semana lo marcaban a hombre con intervenciones para nada amables, respetando las reglas de la época. Lo quería él, lo exigía, porque sabía que los domingos tendría que enfrentar a defensores "malvados" y quería estar preparado. Los demás, mientras tanto, automáticamente pensábamos: "Pero si Diego entrena así, entonces nosotros también tenemos que dar más…". Llegamos varias veces al punto en que Bianchi se vio obligado a intervenir, instándonos a mantener la calma por miedo a que incluso pudiéramos lesionarnos. Estábamos cargados como resortes, convencidos como nunca de que habíamos encontrado el camino justo a seguir, la solución a todos nuestros problemas. La misma, al fin y al cabo, que Diego nos había señalado desde su llegada: "Aunque me vean marcado, no se preocupen. Quédense ahí, defiendan bien y después dennos la pelota adelante y nosotros nos encargamos…". Puede parecer un exceso pero era nuestra realidad, perteneciente a un fútbol menos táctico, en el que uno se preocupaba más por encontrar el equilibrio entre los jugadores en el terreno de juego. A pesar de todo, efectivamente eran la técnica y las jugadas las que hacían la diferencia. Nuestra tarea estaba muy clara: teníamos que ser tan duros como el cemento, para defender nuestro arco. Luego esperar. Y después festejar...

5

FINALMENTE, EL NAPOLI

"Todos dicen: este fue el mejor del Barcelona,
este el del Real Madrid o este el del Chelsea.
Yo estoy orgulloso de haber sido el mejor del Napoli."

El corazón de Diego estaba dividido exactamente en dos. Por un lado estaba Nápoles, por el otro su Argentina. Aquel campeonato terminamos terceros en la tabla, un logro que podía considerarse óptimo en relación al contexto, pero para alguien como Maradona no era suficiente. Sentía firmemente que había llegado el momento de ganar algo, solo entonces consideraría cumplida su misión. Quería convencer a los escépticos, hacer cambiar de opinión a todos aquellos que nunca habían creído plenamente en su talento, en la única verdad concebible en su mente: "¡El más fuerte soy yo!".

Al Napoli aún le faltaba dar un paso, y su Selección no podía esperar más. El Mundial de México 86 se presentaba como una oportunidad que no había que dejar escapar, a pesar de que Argentina —según los pronósticos— no era la favorita. Durante toda la temporada anterior, Diego tuvo al lado a su entrenador personal Fernando Signorini. También fue a menudo a Roma a lo de un conocido especialista para asegurarse de que su condición física fuera absolutamente perfecta para esa cita. Para presentarse con su mejor traje.

Al final del campeonato se despidió, pero esa vez se llevó con él un trozo de nosotros: su querido amigo y masajista de confianza Salvatore Carmando, a una aventura que nunca hubiera podido siquiera imaginar. Un pedacito de Nápoles en medio de México. Diego estaba en plena forma. Estaba listo para hacerse cargo de toda la Argentina y ese objetivo, tan importante para la carrera de cualquier jugador, le infundió un estímulo incomparable. Por fin era el líder absoluto y capitán de aquella Selección, tras años de espera y de incomprensiones. Nadie daba a aquel equipo como posible finalista, pero en sus ojos aún brillaba el deseo de asombrar. Lo había percibido muy bien al despedirlo.

La Italia de Bearzot, la entonces campeona del mundo, fue eliminada en octavos de final por la Francia de Platini. Pero el Mundial, desde luego, no acabó ahí, al menos para Nápoles. Puede parecer inconcebible, quizás, para quienes no han vivido directamente esta historia. Sin embargo, recuerdo perfectamente que a partir de ese momento continuó habiendo banderas desplegadas en las ventanas, en todas las calles, en todas partes. Del Napoli, de Argentina o con la cara de Diego, como si esas tres cosas fueran lo mismo, como si desde cada casa se alentase a un héroe propio.

A partir de cuartos de final, todos los partidos de su Selección nacional se transmitieron en la ciudad a través de pantallas gigantes, las que normalmente solo se utilizan para los *azzurri*[13]. Maradona, en Nápoles, ya era sustancialmente como de la patria. Nuestro líder.

---

13   *Azzurri:* Selección nacional italiana.

Frente a esas gigantescas pantallas, su pueblo, obligado de hecho a aceptar una distancia solo temporal, decidió seguirlo y apoyarlo. A cambio, sus ojos se llenaron una vez más de asombro. Aquella selección argentina era un buen equipo, pero no excepcional. Muchos siguen sosteniendo que Diego conquistó el campeonato del mundo básicamente solo. En la memoria quedan jugadas absurdas y casi vergonzosamente bellas, como el gol más espectacular de la historia del fútbol contra Inglaterra, o la semifinal contra Bélgica decidida por un doblete personal. Y luego, finalmente, su triunfo, su consagración definitiva e indiscutible como futbolista. Todo el mundo hablaba de Maradona desde hacía varios años. Algunos, sin embargo, aún no estaban completamente convencidos de su eficacia, de su capacidad para tener éxito además de talento. Al volver a ver esas imágenes, sin embargo, se ve lo evidente. Dos planetas diferentes, dos categorías diferentes: él volando y los demás, todos los otros jugadores que participan en esos partidos, corren o incluso caminan pesadamente.

Diego alcanzó su cenit, tomó de la mano su felicidad y ganó su apuesta en México. Nápoles, once mil kilómetros al este, celebró el triunfo como una victoria de la propia ciudad, como si esa alegría fuera también suya. La gente salió a la calle, bufandas, banderas y chapuzones improvisados en el mar o en las fuentes. Sentí con fuerza que podía ser un mensaje preciso para nosotros, pobres, "feos", y desfavorecidos como aquella Argentina. Y como yo, lo sintió toda la ciudad, que bailaba a mi alrededor gritando de felicidad. Después de todo, en Nápoles, Diego Armando Maradona siempre ha sido considerado por todos —desde el día de su llegada— como un conciudadano, no como un extranjero. Un auténtico *scugnizzo*, que se había adueñado del mundo.

Estamos listos

Pasaron apenas unos días y todos nos encontramos en Madonna di Campiglio para una nueva concentración, para un nuevo reto. Yo me preparaba para una temporada muy intensa, porque también formaba parte de la Selección Militar nacional, un equipo reservado para todos los jugadores jóvenes que estaban en el grupo de edad en el que tendrían que cumplir con el servicio militar. Jugaban Gianluca Vialli y muchos otros amigos a los que, poco tiempo después, conocería como rivales. Para llegar aún más alto.

La Sociedad seguía trabajando duro para mejorar el plantel y encontrar por fin la alquimia justa para poder sacar a relucir todo el talento de Diego: se fueron Pecci (pero no en avión...), Bertoni, Penzo y los jóvenes Favo y Baiano. Llegaron Andrea Carnevale —que había jugado muy bien en el Udinese—, De Napoli, Di Fusco, Ciro Muro, Luciano Sola y Giuseppe Volpecina. En aquel entonces cada equipo, según el reglamento, podía aportar dos futbolistas extranjeros. En nuestro caso, con la salida de Daniel Bertoni, solo quedaba uno: Diego Armando Maradona. Era otro mensaje implícito para todos: él nos basta.

Esta vez empezamos el entrenamiento sin Diego. Había jugado su último partido contra Alemania el 29 de junio y se merecía unas vacaciones extras. Llegó a aquellas montañas unos días después, en plena noche. Debían ser las dos de la mañana, y dudo que alguna vez esperara semejante bienvenida. Todos teníamos un compromiso preciso: muchos habían visto con sus propios ojos cómo había reaccionado Nápoles ante su triunfo, queríamos hacerle comprender de algún modo lo que habíamos experimentado en este lado del mundo. Así que, cuando llegó, encendió la luz y encontró a todo el equipo abrazándolo en medio de una noche palpitante. Era nuestro... campeón del mundo. Al día siguiente tendríamos que pasar por otro de los duros entrenamientos de aquella época, pero aquella desviación de la norma fue aceptada por todos sin protestar. Los pactos dentro del grupo seguían siendo muy claros, y de aquella noche tomé mentalmente una fotografía en particular: por primera y quizá única vez el entrenador Ottavio Bianchi también decidió participar en un momento de convivencia de grupo. Bajó de su habitación con cara de sueño para felicitar personalmente a Diego.

Si se imaginan una fiesta de verdad, aclaro, se equivocan: seguíamos en la concentración de un equipo de la Serie A, no había música ni comida ni bebida, pero sí mucho, mucho entusiasmo para compartir con "nuestro" capitán. Diego tenía una sonrisa relajada, la de alguien que sabe muy bien que realmente ha hecho algo grande. Mientras nos contaba lo que había vivido, los trabajadores del almacén se colaron en la cocina en busca de algo comestible para celebrar. Lo único que nos dieron fue una enorme sandía. La cortamos en rodajas y estuvimos todos juntos comiéndola, en medio de aquella noche inolvidable. Nuestro brindis tan especial, con una... sandía.

Diego estaba feliz, incluso parecía entusiasmado por comenzar de inmediato una nueva temporada. Nos confió que su única gran pena personal era la de no haber ganado en Argentina, en su tierra, para poder celebrarlo como le hubiera gustado, con toda su gente. En Buenos Aires, de hecho, le habían dado una bienvenida de rey pocos días después de ganar la copa. Pero guardaba en su corazón ese pesar de no haber vivido el momento mismo del triunfo en un lugar que pudiera llamarse hogar. Las alternativas, en su mente, estaban ahora claras. Y eran dos: Argentina o Nápoles. Así, mientras nos hablaba de esto, comprendimos que un nuevo proyecto ya se había presentado ante sus ojos, en su horizonte: había vuelto como campeón del mundo habiendo llevado a la victoria a un equipo que nadie hubiera podido imaginar que llegaría tan alto. Nos había demostrado, una vez más con hechos, que todo es posible cuando decides estar con él, de su lado. Ahora volvía a sumergirse en ese grupo cada vez más sólido, que había terminado el último campeonato en tercer lugar, a solo un paso de su sueño. Mientras tanto, la Sociedad había hecho otras adquisiciones y los ingredientes adecuados —esta vez— parecían estar todos servidos. Junto con nuestra sandía, ya devorada. Diego, en cambio, aún tenía hambre, aún tenía el alma llena de deseo. Toda la alegría que acababa de experimentar no le era suficiente, aún le faltaba una cosa: quería ganar con nosotros, quería continuar su marcha imparable por ese camino de puro éxtasis. Nos veía como verdaderos amigos y quería que experimentáramos esa emoción única, la misma emoción que él había experimentado con su Selección nacional.

Nos fuimos a dormir llenos de emoción y desde el día siguiente Diego volvió a ser un "martillo", un ejemplo a seguir. Entrenaba en la cancha con esa "maldad" que nos vendría muy bien para afrontar nuestro desafío imposible. Ahora todos estábamos convencidos y listos para que nos mostrara el camino. Él nos tendía la mano, dispuesto a guiarnos una vez más hacia otro descubrimiento. Más o menos como un padre con su hijo.

Entre el sol y la sombra

Todo parecía estar en su sitio para el primer día de campeonato en Brescia. El ritual habitual, en fila en el túnel, y él que pasaba para darnos individualmente el empujón final. Entrar al campo de juego anticipados por Diego, tan orgulloso y convencido con ese brazalete en el brazo, representaba una especie de escudo para todos. Nos hacía sentir tranquilos.

Enseguida marcó el gol decisivo, otro golazo. Fui el primero en abrazarlo. Al volver a verme ahora, me doy cuenta de que sentí las mismas emociones de un hincha, siempre irremediablemente suspendido entre el asombro y el entusiasmo. Seguía viviendo cada momento de aquella increíble aventura como un sueño, aunque para entonces ya me había convertido en titular de aquel equipo. El club, Bianchi y sobre todo mis compañeros me habían "aceptado" definitivamente, sabía muy bien que esa temporada podía consagrarme y convertirme en un verdadero futbolista. Al mismo tiempo, sin embargo, aún no podía sacarme por completo mi ropa de simple hincha, esa misma ropa que había llevado durante dieciocho largos años y —en el fondo— hasta unos meses antes. Sobre todo cuando Diego iba más allá, con esas jugadas que solo él podía inventar, me sentía así. El primer hincha, el primer guerrero: por fin luchando en la cancha.

La vida también está hecha de señales y en ese partido llegó una buena para nosotros, para mí: fui sustituido por Bianchi a ocho minutos del final. Estaba lleno de adrenalina y quizás exageré un poco al poner en práctica las enseñanzas de Bruscolotti, siempre a mi lado. El árbitro, Agnolin, durante el transcurso del partido, me amonestó dos veces pero, evidentemente por error, anotó en su cuaderno solo una de las dos amonestaciones. El entrenador se dio cuenta de la "peligrosa" situación y se apresuró a sustituirme. Todo parecía ponerse a nuestro favor, como un viento de cola en el viaje que habíamos emprendido.

Apenas una semana después, sin embargo, llegó la tormenta, la primera gran sombra, que se instaló como un velo fastidioso y dificilísimo de borrar de los ojos de Diego. En vísperas del partido, la RAI[14] emitió un reportaje estremecedor. Un periodista, en una sala de obstetricia del hospital de Nápoles, entrevistaba a una chica con su recién nacido en brazos: "¿Cómo se llama este bebé?". Y ella: "Se llama Diego Armando, porque nació de una relación entre Maradona, el futbolista del Napoli, y yo...". Era Cristiana Sinagra, y sus palabras acabaron en todos los periódicos y en cada rincón de la comunicación de entonces, que era muy diferente de lo que es ahora.

---

14 RAI (sigla de Radiotelevisión Italiana). Es la compañía de radiodifusión pública de Italia.

La noticia provocó un revuelo sin precedentes, los focos comenzaron a apuntar a la cara de Diego por razones distintas a las de su talento. Todas las brillantes primeras páginas que se había ganado por sus hazañas en México comenzaron a desvanecerse y a volverse mucho más oscuras.

Es una situación que hoy, afortunadamente, se ha resuelto de la mejor manera para todos. En el amor. En aquel momento cayó como un rayo gélido, que partió en dos el corazón de Maradona. Para nosotros fue todo repentino, no habíamos mínimamente imaginado ni intuido nada. Lo vimos conmocionado y decidimos ofrecerle nuestra ayuda, nuestro apoyo concreto. Él inicialmente estaba convencido de la falsedad de aquellas declaraciones y decidió, en señal de protesta, no hablar con los periodistas de la RAI durante mucho tiempo. Nosotros lo acompañamos en esa decisión, como si fuéramos una sola cosa. Como siempre. La que debía ser la temporada del relanzamiento definitivo del Napoli, en realidad comenzó así: en el silencio y la tensión más absoluta.

Intentamos protegerlo, aunque la noticia no se desmintió y progresivamente se convirtió en una gran carga para la conciencia de Diego. Probablemente habrá tenido que luchar contra sí mismo durante mucho tiempo antes de recuperar la estabilidad. Nunca quiso hablar directamente de eso con nosotros, pero era imposible no notar lo alterado que estaba por dentro. Era algo privado, perteneciente a esa esfera emocional que todo hombre lleva consigo pero no siempre puede compartir. Fuera del terreno de juego estaba siempre más pensativo; se transformaba completamente, sin embargo, con la pelota entre sus pies.

Un día le preguntaron a la teóloga alemana Dorothee Sölle: "¿Cómo explicaría usted la felicidad a un niño?". Ella respondió, secamente: "No se lo explicaría. Le daría una pelota para que jugara con ella…". He aquí otro de los grandes logros de Diego, que pude admirar de cerca. Cuando escuché esta frase por primera vez, inmediatamente pensé en él: se le podía hacer cualquier cosa, podía pasarle cualquier cosa, pero cuando estaba en medio de la cancha realmente conseguía volver a ser un niño. Se olvidaba de todo. Había crecido en una familia extremadamente pobre, y su hermana, con el tiempo, reveló que desde que Diego cumplió quince años tuvo que empezar a preocuparse básicamente por todo. Pensaba en todos: mientras mantenía económicamente a sus padres y al resto de la familia, llevó luz con sus pies de hada donde antes solo había oscuridad. Una carga incuestionablemente enorme para alguien que —después de todo— era poco más que un adolescente. Era una responsabilidad que Diego solo conseguía quitarse de encima con aquella pelota, que para él valía tanto como el caramelo más rico para cualquier otro niño.

Esta característica es una bendición y una habilidad específica para el profesional. Porque muchos, me he dado cuenta a lo largo de mi carrera, imaginan a los futbolistas dentro de un burbuja, en un nivel superior y aislados de todo. Sin embargo, lo viví yo mismo y lo he visto en muchos otros compañeros: es literalmente imposible mantener la propia vida privada fuera del terreno de juego. El fútbol consiste en correr, tener habilidad técnica, pero también y sobre todo cabeza. Si ahí dentro algo no va, inevitablemente se hace más difícil jugar. Una noticia de esa magnitud, manejada con tal clamor a nivel internacional, habría destruido a cualquiera. Entre las grandes habilidades que siempre tuvo Diego está sin duda esta: en la cancha se transformaba sincera e instintivamente en el hombre más feliz del mundo. Una especie de magia. Se olvidaba de todo, persiguiendo quién sabe qué sueño o recuerdo. Solo en la cancha volvía a ser el niño despreocupado de Villa Fiorito, tal vez porque allí había conseguido jugar al fútbol solo por gusto, sin que nadie lo señalara con el dedo, confiándole enormes responsabilidades, y sin esas voces que más tarde empezarían a buscarlo en todo momento y en todo lugar: "Diego, ¡un autógrafo! ¡¡¡Diego, una foto!!! ¡Diego! ¡¡¡Diego!!!".

Esas llamadas amenazaban con convertirse en una obsesión asfixiante, cada vez más fuertes, imposible de desmarcarse de ellas inclusive con prodigiosas gambetas. Iban dirigidas a Maradona. En la cancha, sin embargo, encontrabas a Diego. Siempre puntual, sonriente, esperándote.

Por todas partes, *azzurro*

Ante nosotros se presentaron dos empates inesperados, contra Udinese y Avellino, como si de alguna manera nos hubiéramos atascado, encastrados con Diego en pesados pensamientos, lejos del fútbol. Estábamos aturdidos por toda la confusión —esta vez negativa— creada a su alrededor. Acabamos eliminados, inmediatamente, también de la Copa de la UEFA que habíamos perseguido durante tanto tiempo. Pocos de nosotros, aparte de Maradona, habíamos tenido experiencia a nivel internacional y pronto pagamos el precio contra el Toulouse: conseguimos ganar 1-0 en el San Paolo, en un desafío en el que yo estaba como eléctrico. Recuerdo que apenas comenzado el partido le prometí un "tratamiento" especial a mi adversario directo, Yannick Stopyra. Le decía de todo en napolitano bien cerrado con la clara sensación de que no entendía ni una palabra, pero el significado... sí. Él ya era un jugador experimentado, el mismo que había eliminado con un gol decisivo a Italia en el Mundial de México que acababa de terminar.

En el partido de vuelta, a Stopyra le tomó apenas quince minutos decidir de nuevo el resultado, gracias también a un error mío. Fuimos a los penales y él falló el primer tiro de la serie. Pensé que por fin mi tratamiento psicológico había surtido efecto, pero fue solo una ilusión. Luego llegó el último penal, pateado por Bagni, y el arquero contrario lo atajó igualando las cosas. Diego fue el primero en consolar a Salvatore, recibiéndolo en el centro del campo, gritándole que no se había acabado, intentando subirle la moral, como siempre hacía con nosotros. El último penal para ellos lo pateó un tal Alberto César Tarantini, un argentino del que ya nadie se acuerda: había estado en su Selección pero la había dejado en 1986, cuando llegó su mayor triunfo. Puso la pelota en el ángulo, literalmente imparable para Garella. El último penal para nosotros lo pateó Diego Armando Maradona (¿y quién más?). El hombre más esperado en todas las portadas de los periódicos del planeta por los milagros con los que había llenado el campeonato del mundo, y después por sus nuevos problemas en familia, se mantuvo erguido, como era su estilo, en un impresionante embudo de abucheos. Decidió angular el tiro más de lo habitual y la pelota pegó en el palo izquierdo.

En Toulouse estalló una fiesta impresionante en ese mismo instante, pero todas las cámaras siguieron solo a Maradona con las manos en el pelo. El destino parecía haberse dado vuelta por completo, sumergiéndonos con todo su molesto peso. Desde luego, no era la mejor manera de iniciar una temporada tan esperada: y sin embargo fue precisamente esa derrota la que de alguna manera funcionó como una beneficiosa bofetada en plena cara. De las que te despiertan cuando andas perdido entre el sueño y los pensamientos. Intentamos consolar a Diego, que repetía el mismo estribillo una y otra vez: "Está bien, puede pasar. Pero les aseguro que nos llegó el momento de ganar, así lo siento". Pensándolo ahora, en realidad no sé si hubiéramos sido capaces de continuar también aquella competición. Decidimos, más o menos tácitamente, quedarnos con el lado positivo de una noche para el olvido: tendríamos que cancelarlo todo y empezar de nuevo desde ahí, concentrando todas nuestras fuerzas solo en nuestro mayor objetivo.

Conseguimos superarlo, el grupo junto con Diego. Pocos días después de aquella dura derrota, por fin una hermosa victoria en el San Paolo contra el Torino. Mi primer gol en la Serie A redondeó el festejo. Volvió la sonrisa, nuestra marcha que ya nadie podría detener. El equipo se completó con una última adquisición, que llegaría solo a finales de octubre y que se revelaría fundamental: Francesco Romano. Maradona empezó a llamarlo "Tota", como a su mamá. Se burlaba un poco por el corte de pelo, que le recordaba al de su querida madre. Y un poco de rol maternal Francesco lo brindó en el campo de juego: era un elemento de orden e inteligencia en un equipo extremadamente físico y brillante. El hombre sabio en medio de la locura. Se convirtió en nuestra cabeza, la que marcaba el ritmo. La puso en acción la primera vez en Roma, cuando Diego y Giordano decidieron divertirse juntos y así darnos una victoria que —en aquella cancha— había estado ausente por diez años. La Roma era considerada entre las favoritas al principio del campeonato, pero aquel día me sorprendió algo totalmente distinto: inmediatamente después del gol decisivo de Maradona, en el Estadio Olímpico se oyó un rugido increíble. Quince mil napolitanos habían literalmente invadido la capital, era todo azul. *Azzurro* por todas partes.

En ese mar hecho de amor, nuestra "loca" idea tomó nueva forma: la oscuridad había sido barrida de nuevo por la luz, las cosas parecían estar funcionando. Ninguno de nosotros había conseguido resultados importantes —aparte de Maradona, por supuesto—, pero seguíamos convencidos de que la temporada anterior había sido la correcta precursora. Había llegado el momento de ser protagonistas, sin esperar más. Sin más excusas. Por primera vez, estábamos absolutamente convencidos de nuestra fuerza, sabíamos que tendríamos que luchar para ganar. También porque aquella fantástica tarde en Roma, como todas las mejores actuaciones, tuvo su aclamado bis. Aún más hermoso. El punto de inflexión, según un guion que volvió a parecer perfecto, presentaría de nuevo ante nosotros esas mismas ocho letras: Juventus. El partido de Turín sirvió de nuevo de señal inequívoca para toda la Italia futbolística. Jugamos increíblemente bien y ganamos 3-1 en su estadio, a pesar de ponerse en ventaja con un primer gol de Laudrup. Eran los campeones de Italia y —como siempre— el equipo más temido. Eran los que funcionan, los que siempre saben cómo ganar, los que, simplemente, saben. Esta vez, sin embargo, en nuestros corazones algo había cambiado: nos dimos cuenta de que ya no teníamos más miedo. Gracias al habitual impulso motivador de la mano tendida de Diego, esos "cinco" que cada vez que entrábamos a la cancha nos daba el "Campeón del Mundo". Y por el increíble espectáculo que —a estas alturas ya lo habíamos entendido— nos seguiría por todos los estadios del país. En Turín, nuestra hinchada fue incluso mayor que en Roma. ¡Ganamos donde el Napoli no se imponía desde hacía 29 años! Nuestros delanteros dieron un espectáculo, otra que miedo. Marcaron goles Ferrario y Volpecina, que constituían el alma más "obrera" de aquel equipo. Teníamos a Maradona, Giordano y Carnevale. Ese trío que para todos, con el tiempo, se convirtió simplemente en el "MaGiCa", según una poética reunión de las iniciales y todo lo que podían hacer en el campo de juego. Éramos sobre todo un grupo, completo. Un Grupo con la G mayúscula, finalmente fuerte, que ya había demostrado que podía superar dificultades antes imposibles.

Vuelvo a mirar detenidamente aquellos abrazos, en la cancha, y después de terminado aquel partido. Ante los ojos de aquella enorme masa desenfrenada de hinchas napolitanos que parecían ser una sola persona. Las imágenes elegidas por la televisión y hechas eternas me registran levantando a Diego, casi triturándolo. Porque evidentemente sentí —definitivamente— que había conseguido convencernos, y que mi historia de futbolista, nacida de forma casi milagrosa con su propia llegada, se iba transformando paso a paso en un puro cuento de hadas. Siempre a su lado.

Volvimos a entrar en el vestuario, locos de alegría e inevitablemente empezó la fiesta. Diego, como capitán, simplemente nos repitió lo que llevaba diciéndonos hacía rato: "¿Vieron? Hace un mes y medio yo era el único que lo creía, ¡pero llegó nuestra hora! Así que ahora ¡no hay que bajar los brazos!". A la prensa, siempre esperándolo, le explicó aún mejor cuál era su estado de ánimo, el tiempo de la construcción que ahora se había completado: "Estoy orgulloso de este equipo, es el Napoli que siempre quise. Desde que llegué". Como si fuera el cierre de un círculo perfecto, en su mente ya era capaz de imaginar todo, mientras yo jugaba en la playa con mi "San Siro". Quizás él también, o él primero, se estaba dando cuenta de cuánto crecía el equipo partido tras partido, en calidad pero también en conciencia y concentración. Victorias así pueden ponerte en las piernas y en la cabeza una fuerza indescriptible. Visto desde afuera, son unos simples noventa minutos, pero cuando los vives desde adentro te convencen concretamente de que puedes hacer historia.

Con la experiencia, con el tiempo, comprendí que el único riesgo real en estos casos es perder por el camino la concentración necesaria, una fiel compañera que nunca puede faltar, sea cual sea el tipo de triunfo del que hablemos. En este sentido, en mi opinión, el papel de Bianchi —a menudo subestimado— resultó ser absolutamente decisivo. Tenía un temperamento muy diferente al de la ciudad de Nápoles, actuó casi como un termostato porque era capaz de regular la fiebre de un pueblo —acostumbrado a vivir alternando la exaltación y la depresión— y de encontrar siempre la terapia correcta para seguir sin problemas. A lo largo de todo el camino consiguió mantener la calma adecuada con sus modos tan personales, favoreciendo la mejor concentración en el grupo y en su entorno. Los aficionados estaban absoluta e irremediablemente perdidos en la euforia, y muchos de nosotros, al fin y al cabo, también éramos aficionados sobre el terreno de juego. En cambio Bianchi, dos días después de aquella increíble victoria, nos reunió a todos de nuevo, en círculo, para hacernos mantener los pies firmemente plantados en la tierra: sin duda habíamos logrado un gran resultado, pero no nos bastaba.

Diego estaba allí con nosotros, escuchando y asintiendo. A ese punto nuestra mentalidad había cambiado definitivamente y ya no era el único que pensaba así. Ya no nos conformábamos con ganarle a la Juventus, queríamos ir a fondo. Y llegar... primero que nadie.

Después de la victoria en Turín, de hecho, vino otra buena victoria por 4-0 al Empoli. Ya habíamos ganado en Roma y en su estadio a la Juventus, pero cuando obtienes resultados así envías señales importantes a otros equipos que juegan para ganar. En las trece primeras jornadas del campeonato seguimos siempre adelante, sin perder nunca. Nuestro histórico "fortín" seguía siendo el querido San Paolo, pero para entonces ya habíamos encontrado la fórmula para ser eficaces e implacables en cualquier campo de juego. Teníamos hambre, un hambre insaciable. Tanto nosotros como nuestros hinchas, que nunca nos abandonaron. Solo teníamos que morder, entonces, para hacer nuestra esa maravillosa realidad.

Alegría y dolor

De la imaginación de nuestros aficionados surgió *Gennarì*, una nueva mascota con la que el Napoli pronto se encariñó, porque estaba hecha a medida para celebrar ese momento encantado en el que perder parecía imposible. De la mente igualmente creativa de Diego, en cambio, surgió un excéntrico accesorio. A partir de cierto momento empezó a aparecer en los estadios, en los vestuarios, vistiendo un sombrero casi de cowboy, dando lugar a la nueva moda del "sombrero de Dieguito". En los negocios, donde hasta entonces solo había bufandas y banderas, la gente empezó a buscar también ese extraño atuendo. Yo siempre quise a Diego como a un hermano, no hace falta aclararlo. Pero desde el punto de vista de la moda, en efecto, siempre había algo que corregir en sus elecciones. Probablemente, en ese caso, el accesorio se convirtió en una especie de amuleto de la buena suerte. Nadie, en la ciudad de la superstición, se hubiera atrevido jamás a sugerirle una solución estilística diferente.

Bajo su sombrero (y su inconfundible sonrisa segura), sin embargo, el dolor articular comenzó a aparecer con creciente insistencia. Intentaba que no lo notáramos demasiado, pero su cuerpo exigía más atención. Por otra parte ya había sufrido una lesión en Barcelona que, según la medicina de la época, era absolutamente dramática para un futbolista. De hecho tuvo una recuperación bastante rápida, pero los desequilibrios generados en su tobillo, y luego como consecuencia en la espalda, fueron como un reloj de arena imparable: al final de la arena encontraba el sufrimiento, el mismo que le leí claramente en el rostro en algunas ocasiones. En aquella temporada, Maradona salió a la cancha más de una vez en un estado físico extremadamente precario. Recuerdo que en más de una ocasión hizo venir desde Argentina a su médico de confianza, el profesor Rubén Oliva. Asistí personalmente a algunas de sus sesiones: el dolor se trataba con infiltraciones en el tobillo y en la espalda. Las jeringas eran impresionantes por el tamaño de las agujas, a las que Diego se sometió para salir a jugar. Yo lo veía morder la almohada de dolor y me preguntaba una vez más: "Pero ¿cómo demonios va a poder aguantar?". Ese maldito dolor probablemente nos quitó la oportunidad de ver algo más del Maradona futbolista (aunque es difícil imaginarlo más allá de la perfección de sus acciones). Pero al mismo tiempo hizo descubrir una cualidad suya a quienes tuvieron el privilegio de conocerlo de cerca, otra expresión de su grandeza: era un verdadero, purísimo luchador. Un león. El dolor, a partir de ese año, empezó a perseguirlo, filtrante y puntual. Un enemigo real capaz de ganar espacio, cada día, como un pequeño monstruo odioso contra aquel niño feliz con su pelota. Sin embargo, Diego nunca se echó atrás, ni una sola vez. Cada vez más a menudo salía al campo de juego en condiciones físicas que habrían sido una razón para que cualquier otro jugador se rindiera. Él estaba allí, a pesar de todo, y continuó con su inigualable talento siendo protagonista, venciendo el dolor y a la ciencia misma. Hay que tener en cuenta que volvió a jugar en un campeonato muy duro, porque en aquella Serie A, el enfrentamiento físico era la norma: alguien como Maradona, constantemente "atacado", pagaba inevitablemente las consecuencias. Al principio del partido soportaba la marca personal de uno o más defensores y luego era acosado durante los noventa minutos. El principal objetivo de nuestros adversarios en la cancha, sin excepción, pronto se convirtió en limitarlo todo lo posible. Estamos hablando de un fútbol y una época que ciertamente no eran fáciles para los delanteros, pero Diego nunca se escondió ni rehuyó. Siguió adelante, sin quejarse.

Además de los terribles pinchazos, se sometía cada vez más a menudo a masajes. También por eso, la relación entre él y nuestro masajista Salvatore Carmando se hizo más estrecha y profunda, porque además de ser un profesional de confianza era un hombre de una simpatía única, que con solo pocas miradas fue capaz de entrarle en el corazón. Diego lo adoraba, nadie podía "tocarlo". Se había confiado por completo a sus cuidados, gracias a los cuales, en más de una ocasión, pudo salir milagrosamente a la cancha.

Recuerdo bien un episodio. Se estaba acercando otro partido importante cuando entré en el vestuario y vi a Carmando que estaba ocupado con los músculos de un compañero. Me puse en fila para esperar mi turno y a los pocos minutos llegó también Diego. La mirada de Salvatore inmediatamente se desplazó para buscarlo, en señal de extrema y total lealtad: "Diego, ¿quieres un masaje?". Estaba haciendo su trabajo con otro jugador y yo seguía en la fila, pero todo lo demás, todo compromiso, todo otro ser humano, en un instante pasó a un segundo plano. Estaba comprensiblemente perdido en la irracionalidad de un amor verdadero y potente. Sin duda podría incluso haber esperado, frente a mi capitán. Pero me permití, más o menos tímidamente, recordarle mi turno: "Carmà, en realidad yo estaba allí esperando...". Diego respondió: "No, no, Carmando. Tranquilo. Atendé y después vengo yo". De esa manera dejó en claro que solo importaba el grupo y que, en realidad, para él todos éramos... Maradona. Esa escena se me ha quedado grabada, un lindo mensaje.

Éxtasis (Esta-sí)

Nos habíamos convertido en aquellos que había que alcanzar, una sensación nueva, inusual, buenísima. En todo el campeonato solo habíamos perdido dos veces, en Florencia y en Milán contra el Inter, pero íbamos primeros en la tabla. A cinco jornadas del final nos encontramos de nuevo en Verona, exactamente donde había empezado nuestra historia: allí habíamos jugado nuestro primer partido de la Serie A con Diego a nuestro lado. Allí, ahora, podríamos intentar cerrar definitivamente las cuentas con un pasado del que no queríamos saber más nada. En cambio fue nuestra peor actuación en toda la temporada: 3-0 para ellos, claro e indiscutible, con los tres goles hechos ya en el primer tiempo. Noventa minutos mal jugados por todos sin excepción, incluso un penal de Maradona atajado por Giuliano Giuliani.

Volvimos a casa desde Verona con los huesos rotos y, como es tradición, el miedo cundió inmediatamente en toda la ciudad. El Inter, el único equipo "grande" que nos había ganado en enfrentamientos directos, estaba ahora a solo dos puntos de distancia en la clasificación. Una vez más, el miedo a no poder lograrlo envolvió a un pueblo demasiado desacostumbrado a ganar. Nosotros, en cambio, conseguimos aislarnos, mantenernos concentrados en la pelota. Los periódicos escribían sobre una posible debacle, y Bianchi y Maradona nos invitaban todos los días a no leerlos. A creer y basta: simplemente había sido un "mal" partido, éramos conscientes de haber jugado mal, pero al mismo tiempo estábamos convencidos de que aún teníamos fuerza física y mental para llegar hasta el final. El Milan se presentó en el San Paolo y nuestra teoría, siempre más sólida y compartida, aquel día se convirtió en realidad: Carnevale abrió la fiesta, Diego la cerró parando la pelota con una auténtica caricia, antes de hacer que volviéramos a explotar de alegría. También esa vez fui el primero en abrazarlo, como al principio del campeonato en Brescia. Quería asegurarme, cada vez, de que lo que veía era todo verdad.

Fue la última demostración de fuerza que necesitábamos. El sueño estaba a un paso. Empatamos en Como y el Inter perdió en Ascoli; todo se transformó en un escenario perfecto para nuestro esperado festejo: Napoli contra Fiorentina el 10 de mayo de 1987, en el estadio San Paolo. Con un imprevisto añadido: en el último partido yo había sufrido una fea lesión en el tobillo. El día antes del partido me armé de valor y fui directamente a la habitación del entrenador Bianchi. El golpe había sido fuerte y mi pie hinchado me lo recordaba a cada segundo; pero en la cabeza solo había lugar para el espléndido futuro que nos esperaba. Yo quería estar allí a toda costa, había sido mi primer año como titular y había jugado prácticamente todos los partidos de aquel estrepitoso, pero también largo y difícil, campeonato. Había sido un año lleno de estrés para un chico como yo, tanto física como mentalmente. Desde luego, no podía aceptar la idea de no estar allí para el acto final, así que llamé a la puerta: "¡Entrenador, yo quiero jugar!". En un segundo llevó sus ojos de mi cara a mi tobillo, como si ese gesto fuera la respuesta: "¿No ves el estado en que está?". Y yo inmediatamente: "Sí, sí, lo veo y lo siento, pero no me interesa. Quiero hacer la infiltración, quiero estar a toda costa". Su sabiduría cerró el asunto: "Ciro, mira. Has hecho tanto, has dado tanto en este campeonato, te pongo en el banco y luego vemos...".

Ese partido sería el resultado de todo el sudor dejado en la cancha durante tres años, el éxtasis supremo. La historia que pasa a tu lado haciéndolo todo eterno, indeleble. La noche anterior nos reunimos en la concentración de Centro Paradiso, pero ninguno podía conciliar el sueño. Bianchi se vio obligado más de una vez a salir de su habitación para restablecer un poco de orden, y nos dedicó varias buenas reprimendas. Las últimas, antes de que también en su rostro se pudiera desplegar una sonrisa auténtica y cómplice.

Nuestro partido empezó mucho antes del tradicional silbato del árbitro: el mayor esfuerzo de ese día fue en realidad el viaje al estadio. El conductor del autobús se vio obligado literalmente a inventar una ruta alternativa, eligiendo incluso ir a contramano. La calle había sido completamente invadida por los hinchas, banderas, bufandas, colores, gritos y amor. Todo mezclado, todo junto. Había coches estacionados por todas partes, en segunda o tercera fila. Había hombres, mujeres y niños encima de los coches para vernos, darnos la bienvenida y seguir animándonos. Diego, en estos casos, siempre se ponía adelante de todos: cuanto más avanzábamos, más incitaba a esas caras fantásticas que formaban un río interminable. Y dentro, un intercambio continuo en el que la distinción entre hincha y jugador desaparecía por completo. Éramos muchos en ese grupo los que habíamos nacido en esa ciudad, esperando solamente ese momento. Otra elección acertada de Ferlaino, Allodi y Pierpaolo Marino, un motivo evidente del fuerte vínculo creado dentro del grupo pero también fuera, con todos nuestros hinchas, totalmente identificados con su equipo. Formado por napolitanos y un inconfundible *scugnizzo*, pegado al vidrio de ese autobús para sentir físicamente el amor que siempre había buscado. Todo el amor que existe.

En aquellos días no había calentamiento en el terreno de juego. Había un espacio, cerca de los vestuarios, con una pequeña pista de tierra donde podías moverte un poco. Muchos hacían ejercicios de estiramiento, otros simplemente corrían de un lado a otro para preparar sus músculos para el partido. Luego estaba Diego: el único que se quedaba solo, siempre e inevitablemente con la pelota haciendo jueguitos. Como si quisiera divertirse antes de dejar que los demás también se divirtieran. Se puso su camiseta y su brazalete, esperando que estuviéramos listos para nuestro gran día. La señal de partida fue una vez más ese inolvidable "chocar los cinco" con todos nosotros.

No podíamos imaginar el escenario que nos recibiría al entrar en el campo. Fue un golpe al corazón ver aquel cuadro, una obra de arte irrepetible: una infinidad de banderas inundaban el estadio completamente vestido de azul, generándome desde el primer vistazo sentimientos que aún atesoro. Me senté en el banco, como lo acordado con Bianchi: fue la ocasión para disfrutar aún más serenamente el espectáculo. En los ojos de la gente solo se veía alegría, todo lo que habíamos conseguido hacer y transmitir volvía a nosotros. Había una felicidad expansiva, incontrolable, que se apoderó de mí como de todos los demás: el entrenador me "concedió" los tres últimos minutos en el campo de juego, evitando riesgos y regalándome el abrazo de mi público, la oportunidad de vivir el capítulo final de mi cuento de hadas perfecto. Con el silbato del final, vi a Diego exultante como jamás volví a verlo. Saltaba en medio del campo sin motivo, como un niño, en perfecto equilibro y con el entusiasmo que a partir de entonces poco a poco comenzaría a abandonarlo. En los micrófonos, todavía en la cancha y perdido en medio de un incalculable número de personas que lo aclamaban, declaró: "Este es el festejo más importante de mi vida, porque el año pasado el Mundial fue en México y en el 78, en cambio, no me permitieron celebrar con la Argentina en mi tierra[15]. En cambio, aquí gané y estoy en casa. Hemos ganado todos juntos. Nosotros y también la ciudad de Nápoles". Entre el corazón y la polémica, entre el amor y la ira. Como una marca inconfundible.

Me abracé con mi "maestro" Bruscolotti, también él desde lo alto de su experiencia, incrédulo y sumido en una satisfacción absoluta. Disfrutamos cada paso de la vuelta a la cancha compartiendo intensamente la emoción. Con el tiempo me daría cuenta de que ese fue el momento en el que pasó la posta. Beppe pronto cumpliría treinta y seis años, y aquella fue su última temporada en el campo como titular. Había realizado su mayor e inimaginable sueño, había

---

15 Maradona fue uno de los tres jugadores descartados oportunamente por César Luis Menotti para integrar la Selección nacional.

encontrado la recompensa definitiva a todos sus sacrificios silenciosos y a esa generosidad única, ofrecida sin dudar a todo el que viniera al Napoli.

En el vestuario, Maradona siguió siendo el centro de la atención. E incluso tomó el micrófono directamente de manos de Giampiero Galeazzi, corresponsal de la RAI en aquella época. Las entrevistas con los protagonistas las hizo directamente Diego, a su manera. Cuando llegó el momento de Beppe, explotamos en un caluroso aplauso. Él, visiblemente conmovido, nos reveló a nosotros y al propio Maradona su verdad ante las cámaras: "Sabía muy bien que había tomado la decisión correcta. Cuando le di mi brazalete, que tanto me gustaba, me prometió que en dos años ganaríamos el campeonato". Diego respondió, explicando a toda Italia que el verdadero capitán seguía siendo Bruscolotti, que merecía ese triunfo más que nadie porque siempre había amado profundamernte a ese equipo y había crecido con esa camiseta sobre su piel. Luego fue solo... agua, en el sentido de que las "transmisiones" fueron interrumpidas por las constantes bombitas de agua y la alegría contagiosa.

Creo, ahora que recuerdo, que salí de aquel estadio cuando ya anochecía. Sin embargo, en Nápoles aún parecía pleno día con luces, fuegos artificiales, cantos y bailes. Millones de personas salieron a las plazas sin causar un solo incidente ni el menor mal recuerdo. La ciudad estaba en todas las primeras páginas del mundo, esta vez como escenario de un cuento fantástico. Fue así, más o menos, durante dos meses. Un júbilo continuo, imparable, inimaginable para cualquiera que no lo haya experimentado, único también a causa de la espera. Fue una victoria deportiva, pero también la redención social de todo un pueblo.

Cuando finalmente llegué a casa me di cuenta con sorpresa de que ya ni siquiera vivía en Via Manzoni. Alguien la había transformado, con un simple rotulador y un poco de amor, en Via Ciro Ferrara. Un hincha, incluso, decidió pintar la pared del cementerio de la ciudad con una lacónica frase: "Lo que se perdieron...". Un mensaje extremo y genial, por el que un lugar de culto y tristeza fue desenfadadamente hecho partícipe de esa singular historia. La ironía y las ganas de sonreír llegaron a desafiar incluso a la muerte: Nápoles al descubierto, en esencia, en toda su belleza finalmente abierta a todos.

La semana siguiente, la RAI organizó un evento televisado, presentado por Gianni Minà[16] y hecho a medida solamente para celebrarnos. Todos en el estudio con los mayores artistas de la ciudad, pero también conectados con el estadio (siempre con entradas agotadas aún sin partido) y más música y diversión pura. A Diego se lo reconocía a kilómetros, con un pantalón que más bien parecía un pijama... Pino Daniele, Edoardo Bennato[17] y otros nos ayudaron a celebrar de la forma más poética posible nuestro éxito, que todavía estábamos saboreando. Se unió también el actor Massimo Troisi[18] que, bromeando como solo él sabía hacerlo —pero no tanto—, le contó a Gianni Minà una anécdota. En la ciudad ya había visto varias veces una pancarta con una sencilla inscripción: "Disculpen la tardanza". Era el título de una hermosa película suya, utilizado hábilmente como cita, que no podría haber sido más apropiado. Por eso añadió: "Nadie conoce la verdad, pero en realidad hice esa película exclusivamente por esta razón. Para ser bien consciente del hecho de que, para el eventual campeonato del Napoli, la pancarta ya estaría lista". ¡Qué belleza! No quedaba más que disfrutarlo. Como una zambullida en nuestro azulísimo mar.

---

16 Periodista, escritor y conductor de televisión italiano. Publicó numerosos libros sobre América Latina.

17 Cantautores napolitanos.

18 Multipremiado actor, comediante, director y guionista cinematográfico italiano.

Mi... triplete

La felicidad había llegado, arrolladora. Se dice que es como un viento que te acaricia el pelo y luego se va. Yo me sentía completamente despeinado por su paso, literalmente envuelto por ese sentimiento escurridizo y encantador. Y, sin embargo, nuestra "infinita" temporada aún no había terminado: por delante teníamos la final de la Copa Italia contra el Atalanta, y para mí, aún más sorpresas. Tan rápidas e impactantes que me sentí como en una batidora, en perpetuo movimiento.

Incluso antes del partido de ida, en el San Paolo, me llegó la convocatoria para la Selección nacional. Debíamos jugar el 7 de junio en Nápoles y el 13 en Bérgamo; con Italia debía jugar contra Argentina el día 10. La Argentina de Diego, sí. Y todo en siete días, en un fútbol completamente diferente de lo que es hoy. Ganamos el partido de ida 3-0, ganamos 3-1 contra Argentina en el partido de mi debut absoluto con la *Azzurra*[19], y luego volvimos a ganar 1-0 con gol de Giordano en Bérgamo. Después de años y años de sufrimiento, paradójicamente parecía casi imposible no ganarle a todos los rivales. En toda esa Copa Italia, por cierto, ni un solo partido terminó con otro resultado que no fuera la victoria. Algo que nunca se había visto, difícil incluso de imaginar. Igualamos, al llevarnos a casa tanto el *Scudetto* y la Copa, un récord solo logrado por el legendario "Gran Torino" de Valentino Mazzola y la Juventus de Charles y Sívori. Nos mirábamos a los ojos y parecíamos solo un grupo de amigos, pero en realidad acabábamos de conseguir entrar para siempre, de alguna manera, en la historia del fútbol.

La temporada de Maradona terminó allí. Jugó más o menos sesenta partidos y había ganado un Mundial, su Mundial. A la mía, en

---

19   Selección nacional italiana.

cambio, aún le faltaba una última fecha para guardar para siempre en el cajón de los recuerdos: el 23 de junio de 1987 completé por fin aquella temporada ganando mi primer "Mundial" con la Nacional militar. Y así puse un final triunfal a mi personal "triplete". Le ganamos a Alemania en la final 2-0, gracias a los goles de Vialli y Baldieri, junto a jugadores que pronto entrarían en escena en la Serie A, como Gambaro, Pellegrini, Ruotolo, Carboni y Notaristefano. Se podría decir que estaba borracho de alegría. Rodeado de trofeos cuando solo un año antes, si me hubieran preguntado, sinceramente ni siquiera habría podido responder con certeza: "Soy futbolista".

Un poco de sano sarcasmo, al menos, me permitió mantener los pies en la tierra antes de tomarme finalmente unas pequeñas vacaciones. El *Guerin Sportivo*, que en aquella época era un verdadero e indiscutible punto de referencia para todos los aficionados y entusiastas del fútbol, preparó un detallado artículo con la intención de homenajear a aquel equipo formado exclusivamente por jóvenes. Muchos de nosotros ya éramos titulares en buenos equipos, otros lo serían pronto, por lo que el interés entre los expertos del sector era elevado. En ese artículo publicaron una foto donde estaba yo en el centro, Gianluca Vialli a la derecha y Paolo Baldieri a la izquierda. Lástima que el pie de foto —lo recuerdo muy bien— decía: "Gianluca Vialli, Paolo Baldieri y... un camarada de armas". Por esa razón, esa imagen se convirtió en histórica. Los dos, obviamente, empezaron a tomarme el pelo sin descanso durante años, llamándome "camarada". De hecho, en cierto modo, ese error involuntario resumía todo lo que había pasado ante mis ojos durante los últimos trescientos sesenta y cinco días. Como un muro gigante, dividiendo dos vidas diferentes. Antes, yo era un simple muchacho, un "desconocido" común y corriente que acababa de jugar sus primeros partidos con la camiseta del Napoli, sin saber cuál sería su futuro. Ahora era titular del equipo que acababa de ganar el *Scudetto* y la Copa Italia, era campeón del mundo "militar" y también había debutado en la

Nacional de los mayores. Se acercaba de nuevo el 30 de junio y volví a pensar, inevitablemente, en ese mismo día de tres años antes, cuando Diego llegaba por primera vez a Nápoles pero también —menos mal— a mi vida. Si eso no es una revolución, que me digan qué otra cosa podría ser.

6

ITALIA – ARGENTINA: DIEGO Y YO

"El valor de la Selección nacional
no se compara con el dinero,
se compara con la gloria."

Con Diego a mi lado, me había acostumbrado a experimentar emociones desproporcionadas. La forma en que mi vida había dado un vuelco desde el momento en que estreché su mano podía parecer casi un postulado matemático: una tras otra, recibí muchas sorpresas que demostré merecer, con un poco de suerte. Esta vez, sin embargo, sería completamente diferente. Porque la emoción sería igual de inmensa, pero Maradona estaría del otro lado. Del lado del "enemigo".

Desde el principio de la temporada, me había dado cuenta de que no me quitaban los ojos de encima: el Director Técnico de Italia, Azeglio Vicini, y sus colaboradores buscaban defensores jóvenes y fiables. La Selección nacional militar y nuestros éxitos me ayudaron a que me tuvieran en cuenta, así que llegaron algunas convocatorias para la Selección Sub 21 y, de repente, el mejor día de mi vida. Había entrado en el grupo de los "grandes", a pesar de tener solo veinte años. Iba asomando en ese grupo de futbolistas que estaba formándose para experimentar la posibilidad de jugar en el próximo Mundial en casa: Italia 90. La Selección italiana había sido convocada directamente por la FIFA para un amistoso de verano, que se jugaría en Zurich, hecho a medida para lograr las paces entre Pelé y Maradona. Bellos en el campo, irremediablemente polémicos y espinosos —entre ellos— una vez afuera. Se suponía, por tanto, que íbamos a jugar contra el equipo que había vencido a todos en el Mundial, pero a nosotros nos faltaban los titulares: Riccardo Ferri y Giuseppe Bergomi. Desde luego, lo que sucedió luego fue totalmente inesperado. La escena en la que el propio Vicini, la tarde antes del partido, llamó a mi puerta: "Mira, he decidido que mañana vas a jugar de titular". Aquí entra de nuevo la emoción que salta en medio de una anónima habitación de una concentración ordinaria, a bailar junto a la felicidad. Vicini salió, y enseguida volvió a llamar: "Ah, me olvidé de decirte que vas a marcar a Diego Armando Maradona".

La felicidad dura unos instantes, ya lo dije. Así que esa segunda noticia consiguió arruinarme bastante la tarde: había llegado el tan ansiado día de mi debut en la Selección nacional, el sueño que cualquier futbolista acaricia en el extremo más lejano y remoto de su imaginación. Pero tendría que afrontarlo, sin embargo, jugando contra uno de mis compañeros de equipo, contra un amigo, contra alguien que me había dado tanto. *Contra.* Fue una noche difícil, con Salvatore Bagni a mi lado, que obviamente me tomaba el pelo y se reía como loco de mi tormento. Me temblaban las piernas de la emoción y al mismo tiempo intentaba pensar cómo podría frenar a aquel genio que conocía mejor que a nadie: sabía bien que un jugador normal tiene dos o tres soluciones en la cabeza, un campeón tiene cinco, y alguien como Maradona… diez. Era plenamente consciente del hecho, en definitiva, de que si él lo hubiera querido habría sido esencialmente imposible de marcar. Y sin embargo, misteriosamente —no me pregunten por qué— lo hice bastante bien. Hice una marcación individual, según la costumbre, sin dejarlo solo ni un momento. Recuerdo que tenía la boca seca por la emoción. Probablemente, él se haya dado cuenta, porque entre una acción y otra no paraba de repetirme: "Tranquilo, ya ves que lo estás haciendo bien. Tomátelo con calma". Empezó con una clara ventaja, más allá de las cualidades técnicas. Tenía la tranquilidad y la lucidez para jugar en el campo los dos papeles que el destino le presentaba: el del adversario y el del amigo. También marcó el único gol de Argentina, que se repartió a medias con Ramón Díaz, porque fue fruto de una extraña carambola. Y al final, justo en el momento del silbato final, Diego se quitó por un rato el traje de amigo. Ganamos 3-1 y Salvatore Bagni —que nunca se perdía la oportunidad de reírse— empezó a burlarse de esa derrota incluso frente a Diego, sin ningún escrúpulo. Maradona decidió, como respuesta, no hablarnos más. A pesar de que yo no había hecho nada… Pero probablemente no iba en serio porque, antes de encerrarse en aquel extraño silencio, me hizo el regalo más hermoso del día. De hecho, al final del desafío, en el centro del campo, surgió de inmediato un nuevo Maradona: todos querían su camiseta, la misma con la que unos meses antes había conseguido asombrar al mundo entero. Yo había intentado aclarar las cosas con mis compañeros de equipo y Diego evidentemente lo entendió. Me quedé con aquella camiseta y no se la dejé ni se la dejaría a nadie: la guardé durante treinta y tres años con todo el celo posible.

No fue la única vez que jugué contra Maradona, porque volvió a ocurrir en otro amistoso, en Cagliari. Sin embargo, "aquella" camiseta siempre ha tenido un significado y un valor muy especial. Pasé a coleccionar varias de ellas, igualmente importantes, a lo largo de mi carrera: la de Emilio Butragueño, del Real Madrid, la de Cantona, la de Ronaldo, el "fenómeno", la de Paolo Maldini, la de Gianluca

Vialli, la de Roberto Mancini, la de Marco van Basten y la de Jürgen Klinsmann. Sin embargo, aquella siempre fue única, diferente de todas. Es el recuerdo de debut absoluto con Italia y contra "fuego amigo". Es el relato de esta historia tan extraña y mágica, grabada en tela, impresa en un lugar que tiene que estar muy cerca del corazón. Porque ahí están nuestros siete años vividos juntos; porque mi propia historia comenzó con el "aterrizaje" de Diego en el planeta Nápoles; porque ante mis ojos siempre ha sido el símbolo más fuerte de esa época en mi ciudad. Siete de sus sesenta años, vividos de forma total e intensa. Con todas las emociones que, para mi privilegio, compartimos.

La camiseta de Diego habría sido, sin duda, una preciosa herencia para dejar a mis hijos. Algo que pudiera transmitirles, en solo un instante, la grandeza del sueño que tuve la suerte de experimentar en mi propia piel. El objeto más adecuado —entre todos— para invitarlos también a ellos a soñar.

En cambio, treinta y tres años después, se impuso otra idea. Cuando, a los pocos meses de 2020, en esa misma ciudad que Diego y yo vimos regocijarse, descendió el terror en forma del virus COVID-19. Con Fabio y Paolo Cannavaro —a través de nuestra fundación que opera en la zona desde 2005— intentamos pensar en una forma concreta de ayudar a Nápoles: organizaríamos una subasta benéfica y cada uno ofrecería su propia camiseta, representativa de su trayectoria deportiva personal. Con lo recaudado, ayudaríamos a las familias necesitadas proporcionándoles, al menos, lo básico.

Una vez que puse en marcha esta iniciativa, opté por donar a mi ciudad un trozo de mi corazón, de inestimable valor emocional para mí. Pero sentí que, así, *esa* camiseta tendría un significado aún más sublime. No ocultaré que también me gané algún que otro benévolo insulto una vez que hice mi elección. Quienes conocen el fútbol, quienes lo aman y lo viven, saben lo difícil que puede ser renunciar a un objeto similar. Tampoco resulta fácil que una cifra refleje una emoción tan gigantesca. La subasta para adjudicarla fue muy disputada —más de lo que yo esperaba— y Diego quedó primero, en lo más alto, incluso en esta ocasión, llenando mi corazón de orgullo, como había ocurrido tantas otras veces. Su camiseta, la misma que llevaba aquel lejano día contra mí, fue comprada por cincuenta y cinco mil euros por un agente deportivo, que luchó golpe tras golpe, puja tras puja, durante nueve días consecutivos, contra Dybala, Papu Gómez y Florenzi —encarnizados, queriéndola a toda costa— y así me fue arrebatada para siempre.

Al actual propietario le gustaría encontrar una manera de compartirla, de exponerla en algún lugar donde todo el mundo pudiera admirarla. Desde hace un tiempo, en Nápoles, se habla de abrir un pequeño museo dedicado a Diego Armando Maradona[20], un "templo" capaz de perpetuar con hechos concretos el recuerdo de aquellos años llenos de belleza. Puede que haya llegado la oportunidad.

Cuando Diego supo de esta historia, se alegró muchísimo y nos escribió directamente lo que pensaba:

Hemos ganado otro partido, quizás el más importante, y como siempre lo hicimos: unidos. Lo ganamos para Nápoles y para nuestros napolitanos. Te doy las gracias, Ciro, porque una vez más me hiciste vivir la emoción de formar parte de este magnífico pueblo. Me permitiste volver a escuchar a las ochenta mil personas del San Paolo. Sentí otra vez su alegría y su calor. Inolvidable. Me siento honrado de haber podido ayudar a nuestro pueblo para la compra de artículos de

---

20 El museo "La storia continua", de Massimo Vignati, en Nápoles, está dedicado íntegramente a Maradona. Cuenta con una colección de camisetas, fotografías, botines, brazaletes y otros objetos que cualquier fanático desearía tener.

primera necesidad en este momento sin precedentes. Gracias
a todos los miembros de la Fundación Cannavaro–Ferrara.
Siempre cerca de ustedes.

Otro regalo, una confirmación más de que, a pesar de todo, Maradona seguía fuertemente ligado a esta ciudad y a su entorno. Una confirmación que yo no necesito: vi a Diego y sé muy bien de su sentimiento al respecto. Después de su despedida, como ya he explicado, nos vimos en varias ocasiones, y no hubo ninguna en la que no me haya reiterado su afecto por Nápoles. Con sus ojos que brillan sinceros, como cuando parece no haber frontera entre ellos y el alma. Para explicar bien cómo sigue siendo cálido y vivo este sentimiento de cercanía, no puede haber mejor solución que recurrir a la música... la de nuestro querido Pino Daniele. Y les aseguro, por lo que a mí respecta, que *Dudas no tengo*[21].

---

21 "Dubbi non ho", canción de Pino Daniele.

7

QUANNO CHIOVE [22]

"Tres años aquí me dieron mucho, pero también me quitaron. No puedo salir, en tres años no aprendí ni una calle de Nápoles".

Día tras día, magia tras magia, por todo Nápoles un nuevo hábito se extendió con bastante rapidez: una vez que los napolitanos habían visto con sus propios ojos al "milagroso" *Scudetto*, una vez que habían experimentado lo imposible que Diego siempre había escondido tras de sí como una promesa, empezaron a llamarlo —cuando se hablaba en tercera persona— simplemente *Isso* —Él—. Algo que está ahí por encima de todo. Como si fuera un elemento divino, listo para convertirse en el tema de relatos mitológicos.

---

22 En dialecto napolitano: "Cuando llueve". Es también el título de una conocida canción de Pino Daniele.

Tras el triunfo, esas voces que lo habían perseguido incesantemente desde su llegada se volvieron cada vez más complicadas de tratar. Tomaron la forma de una soga al cuello, de un afecto que puede envolverte hasta la asfixia: "¡Diego! ¡¡¡Diego!!! ¡¡¡Diego!!!". Maradona ya no podía vivir con serenidad. Estaba rodeado de amor, apretujado con una mordaza hecha de tanto bien, que puede volverse mal en algún momento. Efectivamente, se había convertido —para todos— en un verdadero dios, pero por esa misma razón ya no podía vivir como un hombre normal. Seguía sonriendo a todos los hinchas —casi siempre, sí—, pero ya no podía salir, ya no podía hacer nada sin que el mundo —ese mundo— se moviera a su alrededor. También por eso, quizás, empezó a perder el control.

La temporada anterior había sido larga y dura para un equipo que en realidad había conseguido ganarlo prácticamente todo. Sin embargo, enseguida empezamos la siguiente. Nos habíamos ganado el privilegio de jugar, por primera vez en nuestra historia, la Copa de Campeones[23]. No queríamos hacer un mal papel y por eso empezamos a sudar desde principios de julio, aunque Diego decidió que esperásemos un poco más. A partir de esa temporada en adelante, descubriríamos, con el tiempo, que sus "pausas" serían cada vez más frecuentes. Cada vez más largas. Algún entrenamiento menos, algunos retrasos más y alguna polémica con la Sociedad, que poco a poco iría ampliando aquel pacto sellado con el entrenador Bianchi: habíamos prometido hacer la vista gorda ante algunas de sus actitudes particulares, muy conscientes del hecho de que en el campo de juego jamás nos negaría su compromiso y participación total. Todo siguió adelante así, con las mismas reglas básicas y algunas "desapa-

---

23 La actual Champions League, donde en aquel entonces participaban los equipos europeos que habían ganado su propio campeonato nacional.

riciones" de más, disimuladas gracias a su talento desbordante. Tal vez también por esto subestimamos señales que podríamos haber interpretado con más cuidado. También por eso fallamos cuando podríamos haberlo ayudado.

Maradona no regresó al equipo hasta el 5 de agosto y jugó inmediatamente en un amistoso contra el Trento. Nuevamente festejo: 3-1, como si su nombre y ese concepto fueran sinónimos perfectos, con el *Scudetto* en el pecho y uno de sus goles para cerrar aquel partido. Nunca había entrenado, pero jugó los noventa minutos: "No puedes sacarlo del campo ni con un cañonazo", reveló Bianchi al final de aquel sencillo partido de preparación. "Jugar junto a Careca es realmente fantástico", dijo en cambio Diego. Sí, porque al equipo que había conseguido impresionar a todo el mundo, el club decidió sumarle a un fenomenal delantero de Brasil: Antônio de Oliveira Filho, para todos simplemente Careca.

Ahora bien, entre brasileños y argentinos existe históricamente una rivalidad deportiva del más alto nivel; ciertamente en ese aspecto no son dos pueblos que se lleven bien; en cambio, entre Maradona y Careca la sintonía fue instintiva e inmediata. Ya en aquel primer partido, aunque fuera de poca importancia, se notó enseguida. Los observaba cómo se pasaban la pelota y me daba cuenta de que —a pesar de sus orígenes y apariencias— los dos hablaban el mismo idioma desde que habían nacido. El lenguaje universal de la pelota. Además, el propio Careca había dicho muchas veces que había rechazado otras ofertas y elegido el Napoli por una razón clara: "Quiero jugar al lado de ese fenómeno". Hasta ese punto los mayores talentos del mundo nos elegían, porque Diego nos había elegido a nosotros.

En todas nuestras cabezas solo había nuevas metas y sueños que perseguir. Pronto nos encontraríamos en presencia de "su majestad", el Real Madrid. Sí, porque el sorteo de la Copa de Campeones nos regaló de inmediato el rival más duro que podíamos haber enfrentado, en una competición totalmente nueva para nosotros. El tiempo justo para vivir nuestro debut en la Serie A en Cesena, como campeones de Italia, con la tricolor[24] llenándonos el pecho y el alma de orgullo. Una victoria más sufrida de lo habitual, que nos hizo comprender claramente nuestra nueva dimensión y nuestro destino: ya no éramos la posible sorpresa, teníamos una responsabilidad mucho más pesada. Nos habíamos convertido en una realidad ganadora y, como consecuencia, seríamos aquellos a los que había que vencer durante todo el año. En todas las canchas y contra cualquier rival.

Habíamos tenido tiempo para pensarlo, ahora solo era cuestión de encontrarnos cara a cara con una nueva emoción escalofriante: nos presentamos en el legendario Santiago Bernabeu, de Madrid, en aquella ocasión completamente vacío debido a una sanción contra los aficionados del Real. Intentamos jugar a nuestra manera, con la cabeza bien alta, también porque Diego nos lo había dicho. Esa vez, sin embargo, la estrategia no tuvo éxito y terminó 2–0 para ellos, con mucha polémica contra el árbitro, y Maradona, por una vez, protagonista justamente por eso.

De regreso al vestuario, estaba literalmente furioso, no paraba de lanzar objetos, insultos y quejas al árbitro del partido, mientras nos decía claramente: "Tuvimos nuestras chances, solo tenemos que aprender a ser más cuidadosos que de costumbre porque el nivel subió. Siempre sube…". Era verdad. El esperadísimo partido de vuelta me lo estampó definitivamente en el cerebro.

El estadio San Paolo, espléndido en una de sus más bellas noches, se mostró puntualmente en la cita. Un número indescifrable de personas y casi cinco mil millones de liras de recaudación, para un club que estaba aprendiendo a construirse, ofreciendo resultados prodigiosos pero también obteniendo nuevos recursos para reinvertir.

---

24 *Tricolore:* la bandera de Italia, verde, blanca y roja.

Conseguimos incluso estar en ventaja gracias a un gol marcado por otra gran adquisición de esa temporada: el lateral izquierdo Giovanni Francini. Dejé que mi corazón se llenara, una vez más, de aquel impresionante rugido que parecía conducirnos hacia la realización de otro imposible. Después bastó un solo instante, una pequeña distracción, para anularlo todo. Perdimos estúpidamente una pelota en el centro del campo, llegó un buen pase para Emilio Butragueño, el centrodelantero más temido en el partido de ida, y se filtró por nuestra defensa como manteca. Gol y silencio escalofriante. Como cuando te encuentras sin armas frente a un enemigo al que ves más grande que tú. Bromeando con mis compañeros de entonces, a menudo repito que en aquella ocasión traté de recurrir al offside, sin recordar, sin embargo, que todavía el líbero —Renica— estaba detrás de mí. En pocas palabras, jugamos un gran partido, pensamos que podíamos ganarles, pero eran objetivamente más fuertes que nosotros. En un nivel superior.

El Real Madrid de entonces era un auténtico acorazado, un club más que acostumbrado a esa competición. Nosotros, en cambio, carecíamos de experiencia específica, debutantes en el sentido literal de la palabra. Había una diferencia sustancial entre nosotros y ellos, y habíamos intentado superarla, sin conseguirlo. Diego sabía todas estas cosas y trató de explicármelas unos días después, con más calma y con una sonrisa: "La vida es esto, Ciro. Constantemente subís de nivel y nunca podés parar. Siempre podés encontrar a alguien más fuerte que vos en el fútbol, en cualquier momento. Pero es fantástico mirar al pasado, cuando venís de tan abajo como yo, y sabés que todo lo que fuiste, sos y serás no es otra cosa que lucha". Yo tenía veinte años y otra lección que atesorar. Ya no podría ser más como un cuento fantástico. La vida fluye a través de las victorias, pero también se construye sobre derrotas. No hay otro camino para poder progresar.

Blackout

Para mí fue como un puñetazo en plena cara. Sabía que nos enfrentaríamos a uno de los equipos más fuertes del mundo, pero me había acostumbrado a pensar que —gracias también a los buenos resultados de la temporada pasada— con Diego a mi lado todo sería posible. Y como yo pensaba todo Nápoles, que nos ayudó a reaccionar con su cariño habitual.

Seguimos sintiéndonos —nosotros en el campo de juego y los que nos veían desde afuera— realmente fuertes. Estábamos convencidos de que podíamos seguir siendo protagonistas, porque las señales eran importantes: el equipo se había reforzado: se habían agregado Giordano y Carnevale, y también un jugador como Careca. Diego, además, parecía haber resuelto sus problemas del post campeonato con el club, y había renovado un contrato que, de común acuerdo, lo habría hecho permanecer en la ciudad prácticamente hasta el final de su carrera. Y también hablaban los resultados, que parecían ser el prefacio más correcto para una nueva historia de triunfos. Veintiún puntos de los veinticuatro disponibles en las doce primeras fechas del campeonato, victorias importantes y significativas contra equipos como Torino, Verona y Juventus. Hasta la llegada de la oscuridad, de nuevo repentina, intensa y profunda.

Apenas terminó 1987, nos encontramos en San Siro[25], en una tarde tan fría como el mensaje explícito que nos llegó. Enfrentamos por primera vez al Milan de Arrigo Sacchi, volvimos a casa con una lección apremiante que fijar en nuestras mentes. Fue más o menos

---

25 Estadio Giuseppe Meazza, situado en Milán.

como pasar una tarde entera en medio de un planeta desconocido. Algo muy parecido al futuro. Ellos, desde un principio, comenzaron a jugar siguiendo un ritmo diferente y, a pesar de todo, conseguimos ponernos en ventaja con un hermoso gol de Careca, con asistencia de Maradona. El último miserable espacio confiado al talento antes de que la organización rojinegra nos arrollara. Tuvimos que lidiar con características y una calidad a las que, para ser sinceros, nunca antes habíamos visto. Noventa minutos que marcaron una señal fortísima, porque no revelaron solo un equipo muy fuerte sino también una nueva forma de jugar al fútbol. Aquellos atletas harían historia. Probablemente el "mito" del Milan de aquella época nació ese día, con nosotros relegados al papel de meros extras. La ecuación del futuro estaba muy clara ante nosotros: un planteo táctico revolucionario y, además, jugadores realmente increíbles. Puede parecer extraño, lo comprendo, pero algunas derrotas quedan grabadas en la memoria de un futbolista con la misma impronta de las mayores victorias.

Recuerdo que, aquella tarde, un tal Ruud Gullit me atacaba y me eludía por todos lados... Varias veces, durante el mismo partido, Diego intentó hacerme reaccionar: "¿Querés pararlo a este? ¡¿Querés pararlo?!". Yo lo miraba con los brazos extendidos: "Diego, te aseguro que no lo agarro... ¿qué puedo hacer?". ¡Era una furia descontrolada! Llegó un momento en el que lo intenté todo y me agarré a su collar, arrancándoselo. Fue lo único que me quedó en la mano. No había nada que hacer, después de que pasaba solo quedaba la incómoda sensación de ser arrasado. La misma que en el minuto noventa, tras el duro 4-1 final, parecía haber abrumado a todo nuestro equipo. Acabábamos de descubrir que había llegado, quién sabe de dónde, otra forma de interpretar el juego que nos habíamos impuesto apenas un año antes. Seguíamos teniendo calidad, pero parecía imposible expresarla a esos ritmos asfixiantes. Literalmente, aquel partido no pudimos jugarlo: enseguida sufrimos doble, triple marcación, sin poseer los conocimientos necesarios para contrarrestarlos. Nos presentamos en Milán con el fútbol de siempre, hecho de duelos entre singularidades; volvimos a casa habiendo descubierto a un equipo que se expresaba de verdad en modo colectivo, uno de los equipos del Milan más fuertes que he encontrado en mi carrera. Mantuvimos el primer puesto, pero algo en nuestras mentes había cambiado. El equipo de Sacchi se propuso por primera vez como rival directo para obtener el *Scudetto*, escalando posiciones en la clasificación y a solo tres puntos de distancia. Tener a alguien persiguiéndote con esa energía y hambre de victoria, no era una sensación agradable. Unas semanas después, en mi fiesta de cumpleaños, intentamos restarle importancia, de acuerdo con las reglas de ese grupo unido pero un poco loco. Se acercaba el carnaval y optamos por una fiesta de disfraces: Diego, vestido de mujer, y yo, para exorcizar la pesadilla —en el verdadero sentido de la palabra—, disfrazado de... Gullit.

Efectivamente, en la cancha todavía reaccionábamos como un boxeador dando tumbos sin intención de rendirse. Conseguimos victorias importantes, impulsados por las jugadas de un MaGiCa, incluso duplicado en su efecto y en su definición final, con Carnevale y Careca turnándose para recoger la magia de los otros dos. Hasta cuatro encuentros antes del final del campeonato, conseguimos mantener una diferencia de cuatro puntos con el segundo en la tabla, después ese barco se hundió. Y en el mar de Nápoles, a pesar de Maradona, se desató la tormenta.

Una fábula en pedazos

En la cancha, las cosas iban aparentemente bien, como si todos nos hubiéramos convertido realmente en maradonas. Porque él nos había demostrado que era posible olvidarse de todos los problemas después del silbato inicial. Como si el partido fuera una burbuja en la que entrar, aislarse y ganar, dejando afuera todo lo demás. Cuando observaba a aquel grupo con mis ojos aún muy jóvenes y soñadores, me parecía notar un nerviosismo creciente. Quizás, también, haber empezado la temporada muy pronto por la Copa de Campeones influyó en ello y creó algunos problemas entre jugadores, entrenador y directivos. En aquel momento se sintió mucho la ausencia de un hombre como Italo Allodi, que se había visto obligado a marcharse por problemas de salud. Una persona de su calibre sin duda nos habría ayudado a resolver esas dificultades. Porque a partir de cierto momento se produjo una fractura entre jugadores y entrenador, y se rompió la comunicación. Bianchi se dio cuenta antes que nosotros, con su visión de futuro, de que algo había cambiado. Hizo unas declaraciones que fueron tomadas a mal por los jugadores más representativos. Muchos de ellos empezaron a pensar que con esas palabras ya estaba intentando trasladar la responsabilidad de un eventual fracaso únicamente al equipo.

El equilibrio se volvió delicado y muy difícil de manejar, el aire pesado. Simplemente se había congelado el diálogo, se había producido un cortocircuito que había privado a todo el entorno de lo necesario para permanecer unidos y creer hasta el final. El silencio en el seno de un grupo nunca es portador de cosas buenas: en este caso generaba una incomprensión tras otra, corría un velo sobre el horizonte.

Me di cuenta de esto un día en que también Diego alzó la voz de un modo inusual, aunque siempre bromista. Yo era muy joven y a veces en nuestros viajes todavía llevaba los bolsos de algún otro. Una vez Maradona me vio llevando el bolso del entrenador y perdió la cabeza: "Pero me dijo que tiene dolor de espalda", intenté explicarle. "Me importa un pito, yo también tengo la espalda mal, ¡pero no te pido que lleves el bolso en mi lugar!".

Pensando ahora en ese episodio y tratando de revivir esos momentos a la luz de mi larga carrera, he visto y vivido muchas circunstancias similares: siempre pueden surgir problemas internos en un grupo de veinte o más personas. A veces pueden resolverse, a veces no. En aquella ocasión, ese velo oscuro permaneció suspendido entre nosotros y el cielo hasta el final del campeonato. No sé si ese nerviosismo fue causa o consecuencia de un colapso físico importante. Perdimos primero en Turín contra la Juventus, en un 3-1 que fue exactamente lo contrario del resultado que un año antes nos había allanado el camino al triunfo. Luego empatamos en Verona, gracias a un gran gol de Diego, pero el Milan —siempre ese Milan— ganó el derby contra el Inter, llevándose el liderazgo a un solo punto de distancia. Esto antes del choque directo, del día de la verdad, que llegó de la forma más cruel para todos nosotros.

Nos habíamos derrumbado, ya no nos sentíamos capaces, desde el punto de vista físico, de competir con un equipo como ese. Éramos plenamente conscientes de ello aunque en declaraciones públicas —obviamente— no dejamos traslucir nada. En aquella situación, las palabras de Maradona han quedado en la historia. Justo un día antes de ese partido, sonriente y eufórico ante el periodista de turno, dijo sin miedo: "Mañana no quiero ver ni una sola bandera del Milan en todo el estadio. Quiero que mañana este estadio sea todo azul. Como hacen ellos en San Siro, tenemos que hacerlo aquí. Aquí estamos en casa, en el San Paolo, en Nápoles. Para ellos tiene que ser un cementerio y tienen que morir aquí" —deportivamente hablando, se entiende—. Un recordatorio, la llamada de un verdadero capitán y un hombre astuto que conocía el delicado momento de su equipo y trataba por todos los medios de encender a su público, el mismo que en muchas ocasiones nos había ayudado a ganar otros partidos muy difíciles, la marcha extra que podía levantarnos y salvarnos. Fue el último llamamiento de un líder, que hoy suena como poesía. Porque cuando un líder llama se responde, y ya está, aunque haya una derrota escrita en el destino.

Primero de mayo de 1988. El estadio estaba lleno y cargado, el pueblo de Diego había respondido fielmente a su llamada. Pero esta vez teníamos un poco de miedo en el corazón. Bianchi, probablemente debido también a lesiones e indisposiciones varias, hizo elecciones más defensivas de lo habitual. Hay que decir que en nuestro ánimo, el deseo de luchar por nuestro pueblo seguía siendo fuerte, no nos faltaba la obstinación para atacar como siempre habíamos hecho. Se trataba más bien de resistir. En cada acción veíamos que ellos corrían al doble de velocidad que nosotros. Me di cuenta definitivamente cuando Pietro Paolo Virdis me sobrepasó justo a tiempo para marcar el gol de la ventaja. Maradona volvió a remontar el partido con un tiro libre de los suyos, pero esta vez no fue suficiente. El segundo tiempo —transmitido en directo para todo el país por la RAI, dada la importancia del desafío— se convirtió en una especie de monólogo *rossonero*. Para nosotros, una capitulación. De nuevo Virdis y luego van Basten sumieron a todo nuestro estadio en una tristeza cósmica.

La última imagen que transmitió la televisión fue un primer plano de Diego Armando Maradona, sudoroso y cansado, que extendía los brazos con impotencia, como un indio orgulloso pero inexorablemente derrotado. El hombre que podría haber hecho todo había sido derrotado junto con nosotros y confirmó su inequívoco punto de vista ante los micrófonos de la prensa: "El problema no fue que el Milan fuera mejor, sino que nosotros fuimos peores. Se lo merecieron, ahora son campeones".

Un dolor enorme para todos. No solo porque nos superaron dos días antes del final del campeonato, sino también porque todo ocurrió en casa, en el San Paolo. Nuestros hinchas, al final, se distinguieron aplaudiendo a ese Milan estratosférico. Y nos abuchearon, abriendo para mí una nueva página completamente desconocida. En el vestuario donde el año anterior nos habíamos perdido entre alegría y bombitas de agua, ahora reinaba un silencio surrealista. Nos mirábamos a los ojos, exhaustos, sin encontrar respuesta a un número más o menos infinito de preguntas. Para mí fue la primera decepción de mi vida como futbolista. Vendrían más con el tiempo, por supuesto. Rompí en llanto como un niño, inconsolable.

Recuerdo vívidamente el sabor salado de esas lágrimas, que me corrían por la cara y que no cesaron ni siquiera por la noche. En la ciudad, incluso antes de la decisiva derrota contra el Milan, habían empezado a correr todo tipo de rumores sobre nuestro pobre rendimiento. Desde el silbato final de aquel partido "maldito" en adelante, cobraron aún más fuerza y se convirtieron en un verdadero maremoto. Se decía y se especulaba de todo en los sinuosos callejones del cotilleo, donde cada historia, pasando rápidamente de boca en boca, se va transformando en verdadera, aunque la verdad no se refleje. Hete aquí la otra cara de Nápoles imprevistamente mostrada ante mí y mis lágrimas sinceras. Flotando en ese inmenso desánimo, cualquier rumor, cualquier pequeña noticia, se convertía rápidamente en una bomba. Eso fue lo que más dolió, a mí y a todo el equipo. Se habló incluso de la camorra[26], de apuestas y de un campeonato que el Napoli no podía ganar por tales razones. Se habló de problemas dentro del vestuario, de fiestas y de jugadores que se quedaban despiertos hasta muy tarde por la noche. He oído de todo sobre el tema. Se dudó, sobre todo, de la profesionalidad de los futbolistas.

Lo oí, lo leí, pero no podía explicarme cómo se podía siquiera pensar algo así: estábamos a un paso de escribir otro capítulo de una hermosa historia, podríamos haber logrado el segundo campeonato consecutivo en una ciudad que nunca había ganado, y creo que nadie podría haber elegido conscientemente un "suicidio" de ese tipo.

Por eso nunca he aceptado esos sentimientos hostiles, que aún me causan puro dolor y amargura. Los mismos de aquel día. Ese tipo de deducciones nos hirieron profundamente, a mí y a todos mis compañeros. También porque puedo asegurar que, entre las paredes de un vestuario, los seres humanos pueden llegar a conocerse muy bien.

---

26 Organización de la mafia que opera en el territorio napolitano.

A la luz de esto, los relatos que a lo largo de los años he ido leyendo sobre el final de aquella temporada siempre me parecieron ciencia ficción, hechos que ocurren en tiempos y espacios fuera de la realidad.

Pero más tarde, algo parecido nos ocurrió también a nosotros. Tras el "trágico" partido con el Milan, quedaban dos más antes del final de la temporada. Fuimos a Florencia y perdimos otra vez, 3-2. Diego no jugó a causa de problemas físicos, yo marqué el empate parcial. Cuando me percibo festejando de esa manera, me doy cuenta de que realmente no tenía ningún deseo de aceptar aquella realidad que iba tomando forma. Después de la derrota, todos los problemas que de un modo u otro habíamos conseguido mantener puertas adentro de nuestro vestuario salieron a la luz en pocos días, como una explosión. Como si los hubiéramos mantenido en una olla a presión y hubiésemos olvidado quitar la tapa en el momento adecuado.

Nos sentíamos frustrados y decepcionados, no solo por los resultados sino sobre todo por los tonos exagerados y las críticas que incluso después de ese partido continuaron persiguiéndonos. Fueron días y semanas muy difíciles. Las mismas personas que nos habían adorado como ídolos y héroes volvían ahora como búfalos furiosos dispuestos a atacarnos. En aquel momento, se la tomaron especialmente con nuestro arquero Garella. Estábamos totalmente convencidos de que seguíamos siendo un grupo fuerte y por esta razón nos pusimos firmemente de su lado, para apoyarlo.

En una mañana normal de entrenamiento, nos reunimos en nuestro "refugio", la habitación donde nos cambiábamos de ropa todos los días y que albergaba —como en el caso de todos los equipos del mundo— los más profundos e inconfesables secretos. En ese momento decidimos, de mutuo acuerdo, preparar un comunicado que elaboramos apresuradamente, un texto escrito en una hoja de papel en el que expresábamos nuestra idea. Habíamos perdido, era indiscutible, pero lo habíamos hecho en la cancha y poniendo todo nuestro esfuerzo. Nadie había vendido nada.

Poco después del mediodía, el propio Garella abrió aquella puerta que nos separaba del mundo exterior, como si una verdadera guerra estuviera ya en marcha. Apareció con chanclas de goma en los pies, la bata de baño blanca y azul de la Sociedad mal atada a la cintura. En sus manos estaba este "documento" escrito, en ambas caras del papel, con letras de imprenta y lleno de correcciones:

Habida cuenta de que somos profesionales serios y que nadie puede negarlo, como consecuencia de la situación que se ha producido consideramos oportuno aclarar nuestra posición. El equipo siempre ha estado unido y el único problema es la relación inexistente con el entrenador, especialmente en los momentos en que el equipo lo necesitaba. A pesar de este gravísimo problema, el equipo siempre respondió en el campo de juego con la mayor profesionalidad. El club fue informado con antelación de este problema. Firmado: Los jugadores del Napoli.

Un trueno fuerte y sin precedentes justo en medio de la tormenta. Nunca había experimentado nada parecido, pero esta vez no era una cuestión de inexperiencia solo mía, porque nunca antes había ocurrido algo así. Garella, inmediatamente después de leer lo que podría interpretarse como una declaración de guerra, volvió rápidamente a los vestuarios. Algunas palabras más salieron de Giordano, que reveló a los periodistas: "¡Lo hemos escrito ahora, pero en realidad estaba listo desde hace mucho tiempo!". Y entonces Garella volvió para explicar mejor la situación y el objetivo de ese ataque, tan repentino e impactante: "Mi relación con el presidente Ferlaino es perfecta, mientras que para enmendar este desgarro con Bianchi no alcanzaría ni un kilómetro y medio de hilo".

Nunca había ocurrido que un equipo rechazara a un entrenador de esta manera, con un grito de desesperación tan neto y público. Semejante jugada no hizo más que atizar el fuego, ya encendido por el adiós al segundo campeonato. Obviamente, yo, con mis casi veintiún años tenía poca voz y voto en el asunto. Buscaba confirmación y esperanza en las caras de los jugadores más experimentados, pero ese día no había ni rastro de Diego. Su entrenador personal Signorini había venido a la cancha anunciando que para Maradona las vacaciones ya habían comenzado. Y efectivamente estaba en un barco...

Nos dimos cuenta casi de inmediato de que habíamos exagerado. Pero ya era demasiado tarde. Confiábamos mucho en la diplomática bondad de nuestro compañero Nando De Napoli, considerado por todo el mundo como amable y conciliador, para tratar de curar la herida en aquel caso de emergencia. Fue él, al día siguiente, quien dio lectura a un nuevo comunicado con nuestras disculpas:

> *Tras una cuidadosa reflexión, nos hemos dado cuenta de que expresamos de forma poco clara y en un momento inadecuado nuestra amargura por los últimos resultados del campeonato. Por ello, pedimos disculpas al club y a los hinchas.*

Lástima que, quizás víctima de la emoción, en un momento dado también leyó en voz alta la palabra "coma", arrebatándonos la última verdadera e incontenible sonrisa de una temporada oscura.

Revivir aquella escena, ahora que soy un hombre maduro, me despierta ternura. Parecíamos una tropa improvisada decidida igualmente a dar batalla, contra todo y contra todos, y lo que es más, sin el líder natural. En aquel entonces yo todavía era un muchachito; hoy admito que cometimos una estupidez, aunque con la total convicción de que nos comportábamos como verdaderos hombres. El equipo tenía sus problemas con el entrenador, pero fue un gran error apresurarse a sacar conclusiones y llevar nuestro malestar al exterior.

Fue la voz genuina de unos hombres de sentimiento puro, sentimiento que brillaba en los ojos de todos y se escondía entre una letra y otra de aquel comunicado tan extraño. No creo que aquel episodio influyera en el resultado final de esa temporada, que ya se había decidido en el campo de juego, pero sin duda podría haberse evitado. Deberíamos haberlo manejado entre nosotros, discutiéndolo directamente con Bianchi, incluso duramente, pero sin exponernos ante toda Italia. Nos habían visto triunfar y ahora reaparecíamos en escena de aquella manera incómoda, ofreciendo a los que siempre nos habían denigrado la ocasión perfecta para poder decir de nuevo: "Ahí están. Han vuelto a ser los de siempre, los tragicómicos y escandalosos. Aquel campeonato fue una casualidad, la normalidad de Nápoles está de regreso…". Un pensamiento inaceptable para nosotros. Solamente ese prejuicio hubiera debido ser el enemigo al que combatir. Ese sí fue un error. En lugar de eso acabamos enfrentándonos entre nosotros, sin una dirección determinada.

Hasta el triunfo del año anterior, recuerdo que éramos vistos como los "simpáticos" de la situación; inmediatamente después del primer *Scudetto* el escenario varió y nosotros no demostramos estar bien preparados. Habríamos tenido que hacer frente a la impaciencia normal que se genera, también por la inevitable envidia, hacia los campeones de Italia. Forma parte del juego. Porque las victorias, como bien he aprendido con el tiempo, no solo se construyen en la cancha sino también desde el punto de vista mediático. Es un juego dentro de un juego, para el que definitivamente no estábamos preparados. A los que querían hacernos mal les mostramos, con ese comunicado, un flanco para permitirles asestar más golpes, hechos de palabras, palabras y palabras.

Al final de aquella temporada, envuelto en oscuros colores que aún no había visto en mi fútbol, el propio Bianchi dejó en claro varias veces que estaba a un paso de dejarlo todo e irse. No quedaba nada, de hecho, de aquella adhesión total a su exigente y riguroso método, de ese vínculo casi mágico que nos había conducido hacia metas impensables. Tal vez, de algún modo, haber ganado el año anterior nos había hecho sentir con derecho a opinar, tanto que las palabras que el entrenador gritaba y repetía ya no encontraban lugar en nuestras cabezas. Todos estábamos equivocados, porque otra certeza que he logrado alcanzar en tantos y tantos años —entre un vestuario y otro— es que realmente se gana o se pierde así, todos juntos. Sin distinción.

Como si esto fuera poco, al final de esa historia ya de por sí desagradable, la Sociedad cometió una ingenuidad que le costó muy cara. Solo fueron echados cuatro jugadores —Claudio Garella, Salvatore Bagni, Bruno Giordano y Moreno Ferrario—, que probablemente habrían cambiado de equipo más allá de esos acontecimientos, pero que fueron fácilmente identificados por el público como los verdaderos "culpables", los "vendidos". En el último partido en casa contra la Sampdoria, en un estadio que volvió a llenarse, fueron fuertemente abucheados. Solo Careca y el propio Ottavio Bianchi se salvaron de la polémica. En lo que a mí respecta, no tenía sentido pensar que se podía culpar de lo sucedido solo a cuatro compañeros. Sin embargo, fue lo que sucedió, en una tarde absolutamente surrealista en la que Vialli y Mancini se divirtieron juntos mientras que para nosotros la diversión había terminado hacía tiempo.

El escenario se había dado vuelta: el Milan celebraba, nosotros estábamos perdidos. Maradona miraba todo desde la tribuna, celebrando así, lejos del estadio, su título de máximo goleador. Fue la única vez, durante todo su tiempo en Italia, que consiguió ganar ese trofeo. Quince goles para él, trece para Careca, en segundo lugar. Recuerdos de maravillosa magia y momentos de felicidad. Nada que entonces pudiera eximirnos de avistar nuestro abismo.

8

EUROPA ES NUESTRA

"Yo soy zurdo, todo zurdo: de pie, de fe y de cerebro."

Se dice que la luz del sol puede realzar la belleza. Les aseguro que puede hacerlo con las cosas más feas. Todo ese verano siguiente, el calor no hizo más que amplificar los chismes y las polémicas, haciéndolos rebotar y retumbar de una parte a la otra de la ciudad. Una ciudad aterrorizada fundamentalmente por la idea de que podría volver demasiado rápido al infierno —donde todo el mundo la había colocado siempre— después de haber tocado el cielo. La concentración, en ese caso, nos hizo especialmente bien, distanciándonos, al menos en parte, de esa confusión. Aunque, para ser sinceros, hinchas descontentos dispuestos a acusarnos llegaron incluso hasta las montañas. En un pequeño pueblo llamado Lodrone, para ser precisos. Donde todo, una vez más, cambió ante mis ojos.

Como ya era costumbre, partimos a las montañas sin Diego, que se uniría a nosotros más tarde. Había permanecido extrañamente distante desde mayo, incluso después del enfrentamiento directo y acalorado entre los jugadores y el club. Dos o tres frases suyas, sin embargo, habían hecho entender cómo pensaba, agitando la discusión y dando nueva tinta a los periódicos, que era lo que más esperaban: "No hay que tomar a tres o cuatro personas como chivos expiatorios. ¡Todos somos culpables!", sentenció el 14 de mayo, justo un día antes del final de aquel tristísimo campeonato. Y añadió un mes después: "No tengo nada que ocultar a Bianchi. Cuando hablé con él nos dijimos cosas muy duras y casi nos agarramos a piñas...". Esa fue la última actualización antes de su veraneo, unas maravillosas vacaciones en Tahití y la Polinesia: "Tengo que ir a los únicos lugares donde no conocen a Maradona, para tener un poco de tranquilidad...", explicó, siempre riéndose como loco. Antes de volver, entre nosotros y su descanso se las arregló para pasar diez días en Villa Eden, en Merano, para hacerse atender directamente por el renombrado profesor Chenot y recuperar su mejor condición física. Así consiguió sorprendernos una vez más, lo que era costumbre.

Habíamos perdido cuatro jugadores fundamentales en la construcción de un equipo que había llegado tan lejos. Las nuevas adquisiciones parecían un poco extraviadas porque todo, hasta la vuelta de Diego, estaba como suspendido: Giuliano Giuliani, Alemão, Crippa, Corradini y Fusi entrenaban con nosotros, pero era como si tuvieran siempre un signo de interrogación en sus caras. Nadie podría haber esperado lo que sucedió más tarde, lo que en los anales de la historia del fútbol y del Napoli se conoce como la legendaria "Paz de Lodrone". Luciano Moggi, que entretanto había asumido plenos poderes en la dirección de la gestión, fue muy hábil a la hora de acabar con cualquier rastro de conflicto. Diego se presentó en gran forma, excepto, como siempre, por su estilo: pantalón floreado, la camiseta roja que usábamos para los partidos fuera de casa, arito nuevo, brillante, en el lóbulo de su oreja izquierda. El apretón de manos con Ottavio Bianchi saltó a los titulares como si hubiera sido el de los políticos más importantes del mundo. Luego —de nuevo— unas palabras en rueda de prensa para lanzar a toda Italia un mensaje conciliador, distante del esperado deseo de venganza: "Todos están esperando que diga lo que quieren ustedes. En cambio, como ya nos ha recordado Moggi, hay que acabar con esto. No quiero ninguna aclaración de Bianchi, solo quiero jugar bien para el Napoli. En los últimos días, incluso, lo que no dije ha sido publicado. Por favor. Que todo termine aquí. No voy a hablar más de este asunto. Les pido disculpas a todos, al entrenador, a los hinchas, porque los que se sintieron peor fueron los hinchas del Napoli. Creo que fui bastante claro. Por favor, no me hagan más preguntas sobre un tema que para mí ya no existe".

En realidad, ese día Diego hizo una de sus estrepitosas simulaciones, por una vez fuera del terreno de juego. "En eso consiste el juego del fútbol —solía decirnos—, tenés que hacerle creer al rival que estás perdiendo el control de la pelota, tenés que engañarlo. Entonces, en ese momento hay que ir para el otro lado. Es precisamente en ese momento microscópico donde se esconde el engaño, el juego, la diversión, la belleza. Hay que equivocarse, o al menos fingir, para crear". En realidad, todos quedaron desconcertados por su comportamiento, tan pacífico, como si por fin hubiéramos recuperado la pelota y pudiéramos volver a jugar como nos gustaba. Un último *souvenir* del pasado que hizo su aparición antes de pasar definitivamente la página: en aquella concentración —aquel día— apareció también Salvatore Bagni, visiblemente emocionado porque para él era muy importante saludar a su amigo Maradona antes de pasar a jugar al Avellino. Después de muchas fotos y de la explicación a la prensa, Diego fue directamente a la cancha, se presentó a sus nuevos compañeros con esa sonrisa que mágicamente hizo que todo volviera a foja cero. Estábamos listos para volver a ganar, éramos de nuevo una sola cosa. Nos sentíamos, de un modo misterioso, otra vez, todos... Maradona.

"¡Tienen que darme la pelota a mí!"

Cuando la gente me pregunta por qué el fútbol es tan hermoso, por qué consigue atraer la atención indiscutida de tanta gente en todo el mundo, intento explicarlo así: como la pelota que rueda, todo lo que hay adentro y alrededor de la cancha está siempre en movimiento y puede cambiar. Cada partido es una nueva vida, cada vez se puede verdaderamente volver a empezar. Cada vez que el árbitro hace sonar el silbato, puedes jugar de nuevo empezando de cero. Y aunque el horizonte parezca negro, en realidad puedes ganar. Nunca hubiera imaginado que podíamos recuperarnos tan rápidamente de semejante golpe, pero la pelota estaba rodando y Diego seguía divirtiéndose corriéndola detrás. El grupo empezó a sentir esa energía en la piel, todos nosotros —incluido Diego Armando Maradona— habíamos dado un paso atrás por el bien del Napoli y su gente. El club había comprado otros jugadores importantes, aunque la experiencia pasada nos había enseñado que la competición se estaba volviendo de muy alto nivel. La Italia de aquellos años era la verdadera patria del fútbol, cada año llegaban a nuestro campeonato los jugadores más fuertes del planeta: tendríamos que vérnosla con el Milan de Gullit, van Basten y Rijkaard, contra la siempre fuerte Juventus y contra el granítico Inter de los alemanes Matthäus y Brehme. En nuestra zona, en cambio, cada vez había más aire sudamericano, gracias a la llegada de otro brasileño, Alemão, que demostraría ser absolutamente fundamental por su capacidad para combinar la extrema concreción con la técnica, pero recuerdo que al principio Maradona no tomó muy bien su compra.

Hubiera preferido al argentino Sergio Batista en ese lugar, decía. Así que, quizá también para hacer pesar su consejo no aceptado por la Sociedad, después de uno de los primeros partidos lo llevó aparte y le explicó con palabras y gestos: "Alemão, vos recuperás tantas pelotas que da impresión, ¡pero después de recuperarlas se las das a ellos! Tenés que darme a mí esa bendita pelota, tenés que dármela a mí. ¡¿*Capito*?!". El pobre Alemão estaba un poco aturdido porque había que acostumbrarse a semejante compañero. También tuvo un problema de hepatitis viral que lo apartó del campo de juego durante unos meses. Cuando volvió, se transformó, partido tras partido, en un pilar insustituible de un equipo de nuevo fortísimo. Diego también lo reconoció varias veces, sonriendo y recordando aquellos primeros "encuentros".

Nuestro campeonato empezó con altibajos. El potencial estaba ahí, era evidente para todos, pero los nuevos mecanismos aún necesitaban tiempo para ponerse a prueba. Conseguimos hazañas locas, como ganar 5-3 en casa a la Juventus, pero al mismo tiempo perdíamos puntos bastante importantes en canchas donde deberíamos haber dominado sin más. Para marcar el ritmo, estaba el Inter de Giovanni Trapattoni, el que más tarde sería recordado, simplemente, como el Inter de los récords. Ganaban prácticamente siempre: sentíamos que podíamos competir incluso con un equipo tan fuerte, pero en el choque directo en el San Paolo, un palo de De Napoli y tantísimas atajadas de Zenga nos obligaron a empatar 0-0. Volvimos a tener peso, aunque algunos pequeños e inesperados pasos en falso nos dejaron atrás. Maradona nos conducía en el campo de juego, y afuera seguía con el estilo de vida del año anterior. Quizás por eso no conseguía tener continuidad y ser un estímulo también a nivel psicológico. Tras una derrota inesperada, el presidente Ferlaino decidió reunirnos a todos en el Centro Paraíso donde nos entrenábamos, precisamente para aclarar la situación. Toda la ciudad había empezado a murmurar acerca de las noches de Diego: salía de noche, llegaba tarde, para muchos hinchas empezaba a tener demasiados privilegios en comparación con el resto del grupo. Los otros dos extranjeros a nuestra disposición, Careca y Alemão, desde ese punto de vista representaban exactamente lo opuesto: nadie los había visto nunca fuera de casa, tenían un comportamiento perfecto. El presidente, en silencio, comenzó su discurso: "No, chicos. Deben entender que este es un momento delicado, deben entender que Nápoles es una ciudad peligrosa, no tienen que mostrarse por ahí porque, si van al restaurante, si van a una discoteca, entonces la gente dice que vuelven tarde, hablan, y puede volverse en nuestra contra". No terminó de completar su alegato, cuando Maradona se levantó convencido: "Presidente, si está enojado conmigo, dígalo ahora. Porque mi vida privada no debería importarle un bledo, ¡para nada! Si le parece bien así, okey; si no, écheme hoy mismo. O mejor, ¡ayer mismo!". El presidente, conociendo bien a Diego y temiendo su reacción, hizo una rotunda y rapidísima marcha atrás que sorprendió a todos: "Eh no, no. Maradona, la cosa no es con usted, se lo aseguro. Careca, Alemão, a ustedes dos se los vio por ahí". Difícilmente olvidaré las caras de mis dos amigos brasileños… apenas podíamos contener la risa. Habían salido durante la semana, sí, pero por primera vez desde que Alemão había llegado a Nápoles y para una cena sencilla con sus familias, respetando todas las reglas y horarios. El discurso del presidente estaba claramente dirigido a Diego, para invitarlo a ponerse las pilas o, al menos, a asegurarse de que la noticia no llegara a la prensa. El *cazziatone*[27] en cambio, lo tuvieron que soportar Careca y Alemão. Ellos también tuvieron ganas de reírse en cuanto Ferlaino se fue. Diego era así, tómalo o déjalo.

El hecho seguía siendo que el Inter en aquel momento parecía inalcanzable, pero algo más tomó la forma de un sueño. Y se instaló prepotente en nuestros corazones.

---

27 Vulgarmente, reprimenda.

La Copa. ¡Nápoles, es tuya!

La tristeza y la angustia del año anterior habían desaparecido como por arte de magia. Sin embargo, en nuestra mente persistía un dolor *Real*. La derrota contra el equipo de Madrid, el haber sido eliminados de una aventura tan fascinante sin siquiera haber tenido tiempo para disfrutarla plenamente, nos había dejado un deseo muy fuerte de revancha. Diego, por cierto, parecía pensar en su propio orden de prioridades: había soñado desde niño con conquistar la Copa del Mundo con Argentina, y lo había conseguido. Había soñado —desde el día de su "aterrizaje" en el planeta Napoli— regalarle, a esa gente un poco loca como él, el impensable *Scudetto*, y lo había vuelto a conseguir. Ahora habría sido justo, según su lógica, conquistar toda Europa. Había que desmentir a los escépticos una vez más. Llevarles la contra.

En aquellos días, la Copa UEFA era una competición realmente dura. Se calificaban todos los equipos que habían quedado segundos o terceros en sus campeonatos, que llegaban reforzados por adquisiciones importantes y jugadores de un nivel incuestionable. Pero para nosotros esa copa se reveló paso a paso como un camino alternativo y diferente hacia la gloria: cada vez que llegaba un resultado decepcionante en el campeonato, cada vez que el Inter de "Trap"[28] volvía a parecer inexpugnable. Con todas sus victorias, una luz señalaba este camino diferente y de un atractivo quizás aún mayor. El destino volvía a hablar claro, con todas sus señales. Estábamos listos para llevar nuestro azul a todo el continente, más alto que todo y que todos. Orgullosamente.

En aquel recorrido, en realidad, se esconde la verdadera historia de aquella temporada nuestra. El debut nos hizo comprender el

---

28 Por Giovanni Trapattoni, su entrenador.

tipo de hazaña que tendríamos que lograr. En el primer turno nos enfrentamos a los griegos del Paok de Salónica. Ganamos 1-0 en el San Paolo gracias a un gol de penal de Diego. El peligro, sin embargo, estaba en el partido de vuelta. Jugar en Grecia, se los aseguro, nunca ha sido fácil. En los años 80 probablemente podía ser incluso más "aterrador" de lo que es hoy. En cuanto aterrizamos, un hincha del Paok comenzó a hacer flamear una enorme bandera blanca y negra en la pista de aterrizaje, solo para hacernos saber a qué nos enfrentaríamos.

Nos las arreglamos para llegar a nuestro hotel sin demasiados problemas, pero esa noche fue difícil de olvidar: en la calle, bajo nuestras habitaciones, comenzaron a elevarse coros cada vez más altos. Aquellos aficionados estaban llenos de entusiasmo porque su equipo se perfilaba muy bien en el campeonato local. Nos insultaron, inevitablemente, para meternos miedo. Conseguimos dormir muy poco, y recuerdo a Diego quejándose de todas las maneras posibles. Se acercaba a las ventanas, mirando hacia abajo entre granadas de humo y cabezas "enemigas", se volvía hacia nosotros y en voz cada vez más alta repetía: "¡Es inconcebible, es inaceptable! Pero si piensan que voy a tener miedo, se equivocan en grande". Para mí fue algo impresionante, una locura, y lo fue incluso más cuando ingresamos a la cancha. Desde el momento en que entramos empezaron a tirar verduras de todo tipo, frutas y hasta algunas botellas. Después del silbato de inicio me di cuenta de que la mayoría de los que ocupaban la tribuna no estaban realmente mirando el partido. Estaban casi todos de espaldas al campo coreando sin parar: "Y *Paok alé*, y *Paok alé...*". En toda mi carrera, quizás solo en Estambul, unos años más tarde, volví a encontrar un ambiente tan tórrido y hostil. Trataron de molestarnos de todas las maneras posibles, pero nosotros teníamos armas mucho más sofisticadas de nuestro lado: a los diecisiete minutos, asistencia de Maradona, remate técnicamente impresionante de Careca y gol. Silencio. Este tipo de acción —asistencia de Maradona, tiro de Careca, gol— se convertiría en una auténtica marca registrada. Como un estribillo juguetón, destinado a acompañarnos en una nueva danza desenfrenada. Antônio, además, siempre bailaba después de un gol.

El sorteo nos llevó después a Alemania, por primera vez en una tierra que sería absolutamente central en toda esta aventura. Por otro lado, era nuestro guion habitual, ¿no? El genio ingobernable contra el orden y la disciplina. ¿Qué mejor adversario, entonces? Nos encontramos frente al Leipzig mientras que ante los ojos de Maradona se presentaba la ecografía que su compañera Claudia le había hecho llegar apenas tres días antes. Iba a convertirse en papá por segunda vez: "Ya lo tengo decidido, le pondré Ayrton, como Senna" —bromeaba en el vestuario—. Elección típica de alguien que adoraba los coches y la velocidad, en todo sentido.

La sorpresa, para todos, llegó unos instantes después. Para pasar del vestuario al campo de juego, los comisarios nos indicaron el camino, hasta que nos encontramos frente a un ascensor, más bien una especie de ¡montacargas! Nos vimos obligados a subir en pequeños grupos para llegar a la cancha, y la situación decididamente insólita nos hizo sonreír. La sonrisa se congeló cuando llegamos afuera: creo que un frío así, sinceramente, lo he sentido muy pocas veces en mi vida. Mientras entrábamos a la cancha, De Napoli se me acercó, pero no para darme indicaciones tácticas: "Ciro, *tenghe e mane frèdde*[29]", dijo. Y yo le respondí: "Nando, *je tenghe mane e pière fridde, stò murenne*[30]". Nuestras manos y pies estaban helados, veníamos de ganar 8-2 en el campeonato contra el Pescara y estábamos en un buen momento, pero ese hielo nos puso en problemas. Ellos se pusieron

---

29 En dialecto napolitano: "Tengo las manos congeladas".

30 En dialecto: "Tengo las manos y los pies congelados, estoy muriendo".

en ventaja, después Maradona y Careca calentaron el ambiente con su fantasía y con una asistencia impecable para el gol de Francini. En el segundo tiempo decidió el partido nuevamente él, y también por eso empezamos a llamarlo en broma El Murciélago: cuando llegaba la noche parecía encontrar su hábitat ideal.

Los octavos de final nos llevaron también a Francia, allí donde Diego empezaba a vislumbrar su futuro: la alternativa más tranquila y menos obsesiva, el lugar más adecuado para un físico que inevitablemente —golpe tras golpe— se iba desgastando.

En Bordeaux jugaba un tal Enzo Scifo, que más tarde llegaría a Italia. La estrella de aquel equipo, sin embargo, seguía siendo Jean Tigana, uno de los escuderos de Platini en la gloriosa Francia de los últimos años. Los periódicos y la televisión hablaron de un duelo entre Tigana y Maradona, pero el único gol de los dos encuentros lo marcó el italiano Andrea Carnevale al comienzo del partido de ida. Diego, sin embargo, también se dio un pequeño gusto: marcó un gol sensacional ganando un enfrentamiento directo con Tigana y superando al arquero con un toque delicioso. El árbitro anuló todo, pero eso no comprometió el resultado final. Aún habría lugar para la alegría en el retorno.

Lo dije al principio de esta historia: la "fortaleza" en aquella época del fútbol italiano era considerada sinónimo de Juventus. Así que, casi como si fuera una broma del destino, los partidos en los que nos enfrentamos a los *bianconeri*[31] fueron los más importantes y los más legendarios, por cada acción con la que Maradona los provocaba, haciéndolos vacilar. Su mensaje de redención social, donado como sangre nueva al pueblo de Nápoles, no podría haber pasado por

---

31 *Bianconeri:* jugadores de la Juventus, cuya camiseta tiene rayas verticales blancas y negras.

ninguna otra encrucijada. Los cuartos de final nos presentaron puntualmente el mismo guion. Antes del partido de ida recuerdo que había otro compañero que estaba especialmente cargado: Massimo Crippa. De hecho, el año anterior con su "Toro"[32] había desafiado a esa misma Juventus en una eliminatoria por el acceso a la Copa UEFA, y había llegado el momento de tomarse una especie de revancha personal, como nos dijo en el vestuario, y sin miedo a la prensa. Recuerdo que hacía mucho frío también en Turín. No era el mejor clima para nosotros, obviamente. Terminó 2-0 para ellos, con gol de Bruno y gol en contra de Corradini. Inmediatamente nos recordó la derrota del año anterior, el idéntico resultado que contra el Real Madrid había acabado con nuestro sueño. Lo leímos como una nueva oportunidad para sacar todo lo que nos quedaba adentro.

Dejando aquel gélido vestuario donde el miedo había vuelto a llamar a la puerta, Diego dijo: "Ya van a ver que en Nápoles todo será distinto". Era como si ya hubiera aprendido a conocer y descifrar las emociones de aquella ciudad mejor que alguien nacido y crecido allí, como yo. Una multitud desbordante nos recibió al pisar el césped del San Paolo. Cada uno de los hinchas gritó con fuerza el deseo de cambiar el desenlace de la historia del año anterior. Respondimos en la cancha, yendo a cien por hora durante noventa minutos; de hecho, ciento veinte en total. Porque gracias a los goles de Maradona y de Carnevale llegamos al tiempo suplementario. Alemão, Crippa y Carannante lo dieron todo en aquel partido. En el suplementario nos encontramos sin Diego, que tuvo que abandonar el campo porque estaba literalmente agotado. Careca tomó el protagonismo sirviendo el pase decisivo a Renica. Fue el instante más importante en un partido decisivo, como siempre. Fue una emoción gigantesca, similar a la

---

32   Toro: el Torino, equipo piamontés, como la Juventus, de la que es acérrimo rival.

que sentimos por nuestro *Scudetto*. Al revivirlo, nos desbloqueamos por completo. Recuperamos la fuerza, la conciencia y la energía que los tormentos de mayo habían dispersado. Maradona, una vez fuera del campo, se quedó en el banco animándonos como el primero de los "ultras". Al final del partido me desnudé para ir a recibir el abrazo de la tribuna, de nuevo cálido y fantástico. Diego vino hacia mí con su abrigo para darme un abrazo intenso y sentido, muy parecido al que intercambiaríamos pocos meses después. Nos sentíamos de nuevo invencibles, Diego sonreía.

Era demasiado tarde para remontar el campeonato, el Inter había sacado demasiada ventaja. Pero en la Copa ya nadie podía asustarnos. Ni siquiera el Bayern Munich, que llevaba veintiún partidos consecutivos sin perder y acababa de establecer un nuevo récord de imbatibilidad en la liga alemana. El partido de ida en el San Paolo terminó 2-0 para nosotros, con dos asistencias de Maradona para Careca y Carnevale. El espectáculo más bonito, sin embargo, lo disfrutaríamos en el partido de vuelta. He aquí una escena que recomiendo encarecidamente: si tienen dos minutos, vayan a verla de nuevo. Porque nunca es demasiado contemplar cierto tipo de belleza.

Antes del partido, la tensión era muy alta: nunca habíamos sido tan superiores a nivel europeo y —a pesar de la ventaja que habíamos conseguido— sabíamos que tendríamos que luchar hasta el final. Los alemanes son un pueblo muy organizado, y en un campo de fútbol, aún más. En Italia seguíamos calentando en los vestuarios, pero a nivel europeo se estaba extendiendo una costumbre diferente: así que ya estábamos en el campo media hora antes de la hora prevista para el partido. Nosotros de un lado, ellos del otro. Desde los altavoces del estadio empezó a difundirse una música cada vez más alta. Intentaban así desconcentrarnos, crear aún más confusión en nuestras cabezas llenas de preocupaciones. Eligieron la canción *Live is life*, de los Opus, que probablemente se hicieron populares mundialmente por lo que ocurrió justo después, ante mis ojos incrédulos. Diego empezó a hacer jueguitos alegremente y al compás de esa misma música, encontrando la manera de comunicar —sin palabras— su orgulloso estado de ánimo. Jugaba con la cabeza, con el muslo, con la parte exterior del pie, como si estuviera en el patio de su casa. Esa escena aún hoy está grabada en mi mente, junto con la ya típica pregunta cuando se habla de Diego Armando Maradona: "Pero ¡¿cómo hace?!". Me armé de valor y le pregunté, durante aquel calentamiento: "Diego, ¿pero cómo demonios puedes estar tan tranquilo? Quiero decir, ¡estás jugando y bromeando con esta pelota y ninguno de nosotros todavía ha dicho ni una palabra! Ni siquiera dormí bien anoche, pensando en el partido". Me contestó con una serenidad impresionante: "Pero no, vamos a divertirnos, Ciro". "¿Divertirnos? Yo me estoy haciendo encima".

De hecho, entre nosotros no volaba ni una mosca. Sin embargo, cuanto más subía el volumen de la música, incluso para intimidarnos, más insistía él, casi como para tomarles el pelo. Como diciendo: "Sí, hagan todo el ruido que quieran". En la fuerza de esa despreocupación radicaba toda la diferencia que había entre él y nosotros. Es más, entre todos los futbolistas "normales" y Maradona. Aquella tarde, los setenta mil espectadores del Olympiastadion vieron, en carne y hueso, al mejor jugador en un sentido absoluto, que de modo simpático y provocador se enroscaba en miles de vueltas alrededor de la pelota y anteponía la diversión a cualquier forma de tensión. Nosotros íbamos arriba y abajo, arriba y abajo, sin siquiera ver la pelota, mientras él se divertía de todas formas sin desmentir nunca su ADN, su naturaleza inimitable. Creo que también me hice la señal de la cruz mientras se montaba este espectáculo. Al mismo tiempo pensaba: "Pero mira qué don tiene…". Porque era demasiado clara la brecha: nosotros concentrados y sudorosos, él feliz como un niño.

Su baile desenfadado fue involuntariamente un truco genial, uno de esos movimientos sorpresa que podría hacernos entrar en la sangre la seguridad adecuada. Inicialmente se presentó la clásica situación en la que todo parece corresponder a un diseño de desventaja. Una simple pincelada, sin embargo, logró revertir el escenario. Fue hermoso: Diego, con ese tono de desafío, el cartel perfecto para presentarnos, como equipo y como ciudad de Nápoles, en Alemania: "¿Nos quieren asustar? ¡Nosotros estamos aquí y venimos a hacerles daño! ¿Ustedes ponen esta música? Bien, yo bailo al compás. Juego con mi querida pelota y me divierto". Y así fue: porque terminó 2-2, pero con nosotros siempre en ventaja gracias a ese coro encantador. Sonaba como un verso musicalizado, para ser leído todo junto y casi sin aliento: "assistdeDiegogoldeCareca".

Pasamos la ronda y ganamos el boleto para la final: todo el mundo vería al Napoli en el desafío final contra otro equipo alemán, Stuttgart, de Jürgen Klinsmann y... Maurizio Gaudino, un delantero nacido en Alemania pero hijo de un padre de Orta di Atella y de una madre oriunda de Frattamaggiore. Fue él quien marcó el primer gol en el San Paolo, consecuencia de un error de Giuliani. El primer gol en casa en toda la competición. La fisura que por unos minutos hizo que el terror volviera a nuestros ojos... quizás el final romántico que tanto habíamos buscado no llegaría, quizás se estaba materializando una vez más el dolor de la derrota. En cambio, el concepto *Mano de Dios*, sobre el cual se escribe en las enciclopedias de Argentina, esa noche nos rozó también a nosotros. Diego marcó un penal, a pesar de que al principio de la acción tocó la pelota con la mano: 1-1. Después Careca, gracias a la asistencia habitual de nuestro 10, nos puso en ventaja a solo tres minutos del final. Después del minuto noventa, ante los micrófonos de la prensa, precisamente Gaudino, en perfecto napolitano, reveló que ese resultado les había parecido bien porque apostaban todo al partido en casa (en aquella época, también la final se jugaba a ciento ochenta minutos). Su entrenador, Arie Haan, con otro tono, cuestionó al árbitro y luego prometió: "El partido de vuelta va a ser otra cosa".

Habíamos ganado, pero estábamos a mitad de la batalla. Tendríamos que "conquistar" Alemania, para completar una enorme hazaña. El día antes del partido, Careca tenía 40 grados de fiebre, mientras que Diego —recién convertido en papá por segunda vez— se vio obligado de nuevo a dolorosas infiltraciones en la rodilla y en el tobillo. No era la mejor manera de presentarse ante nuestro nuevo proyecto imposible que, de todos modos, nos pareció de inmediato más alcanzable gracias al espectáculo que se presentó ante nuestros ojos.

Tan pronto como pusimos la cabeza en el campo de juego en aquel 17 de mayo ya cálido, el azul volvió a calentarnos como un cielo en la Tierra. Las entradas compradas por los aficionados del Napoli fueron oficialmente veinticinco mil, pero estoy convencido de que en ese estadio la presencia napolitana fue mucho más numerosa. Diego jugaba con su pelota mientras nosotros nos calentábamos como siempre. De vez en cuando se acercaba a mí y a los demás repitiendo: "¿Ven a todos esos napolitanos? ¿Se imaginan cuántos sacrificios han hecho para estar aquí con nosotros? Bueno, no podemos decepcionarlos". El dolor tenía que ser fuerte, porque esa noche también parecía renguear un poco cuando corría. Sin embargo, se sentía invencible, por dentro lo calentaba todo ese amor que había vuelto a circundarlo. Plenamente.

Nos pusimos en ventaja con Alemão, un hombre que se había vuelto absolutamente decisivo y esencial para el equipo. A los pocos minutos del gol, sin embargo, se vio obligado a salir a causa de una lesión. Empató Klinsmann, reabriendo completamente el juego: yo lo marcaba y por eso me sentí particularmente culpable. Entre una acción y otra me repetía con rabia que tendría que haber tenido más cuidado, pero el destino encontró la manera perfecta de hacerme digerir el error. Solo unos minutos más y llegó milagrosamente mi gol más importante con la camiseta azul. Maradona recién acababa de patear un tiro de esquina, la defensa lo rechazó y de nuevo Diego, con un golpe de cabeza, puso la pelota de nuevo en el centro del área sin siquiera hacerla caer al césped. Así fue que, desde lo alto, me llegó ese regalo. Canalicé toda la energía que pude en mi pie derecho y pateé al vuelo para lograr un gol realmente muy bueno desde el punto de vista técnico.

La felicidad, más o menos, debe de ser algo muy similar a lo que sucedió en los segundos siguientes. No recuerdo nada, excepto la sensación de éxtasis puro. Varias veces he tratado de volver a ver las imágenes, para revivirla. Veo que enseguida me vienen a abrazar Diego y De Napoli, pero es evidente que yo ya no entiendo nada, no logro darme cuenta de lo que está sucediendo, tanta es la emoción que estoy viviendo junto a todos nuestros hinchas. En el fondo, seguía sintiéndome uno de ellos. Mis familiares, que habían seguido el partido por televisión, me ayudaron a reconstruir mejor el recuerdo. Mi mirada, una mirada al vacío, que parecía querer decir: "No, pero ¿es todo verdad? ¿Es posible que justamente yo esté decidiendo un momento tan importante, histórico para mi ciudad y para mi equipo?".

No puedo dejar de sonreír cuando reconozco —en el instante capturado por una fotografía o en las imágenes televisivas— la expresión extática de mi rostro y la rigidez de mi cuerpo; los ojos maravillados y los brazos extendidos, por donde corría intensamente la felicidad. Tenía apenas veintidós años, en el fondo era muy joven y de repente me encontraba proyectado vertiginosamente hacia lo alto.

Con el tiempo, a partir de ese gol mío, descubrí una de las pocas desventajas de haber tenido que lidiar con un fuera de serie como Maradona. Siempre lo han recordado sobre todo por la asistencia de Diego, su capacidad de anticiparse a todos, gracias a la idea de no dejar rebotar la pelota. También muchos amigos me contaron que en el momento habían pensado que estaba Careca en mi lugar, por el hábito consolidado del gesto y también porque —en verdad— un giro al vuelo así difícilmente se habría podido asociar a Ciro Ferrara. Semejante jugada, si no eres un delantero con pies muy finos, el noventa por ciento de las veces termina afuera.

Ese día, la pelota, en lugar de terminar en el centro de Stuttgart, entró en el arco y hundió a nuestros adversarios, junto con todo lo que quedaba de nuestro miedo. Era mi día, era nuestro día. Jugamos un gran partido, recuerdo en particular la actuación de Andrea Carnevale, que consumió toda su energía en un trabajo de conexión agotador, entre Maradona, Careca y todos los demás. Diego y Antonio no estaban muy bien, necesitábamos su calidad pero no podían correr como de costumbre, así que Andrea lo hizo por tres. De ese empeño durísimo y silencioso nació también el tercer gol dentro de una acción perfectamente a la italiana en ¡Alemania! ¡Qué satisfacción! Diego se lanzó hacia el arco pero, dado que no podía aprovechar la velocidad, se detuvo de repente esperando a Careca. El pase habitual y un delicioso gol "de cuchara" escribieron la continuación, y ya no se pudo distinguir entre el final del partido y el comienzo de una nueva fiesta increíble. Mi querido amigo De Napoli decidió mantenernos en tensión hasta el último minuto con un autogol y un buen pase, sí, pero para un adversario. La pantalla del estadio registró un 3-3, pero no significó nada. Fue el primer éxito para el Napoli a nivel europeo. Me di cuenta de que, con ese gol, había entrado en la historia de la competición y de nuestra temporada.

Hay momentos en la vida en los que es realmente imposible contener la emoción. Habíamos traído a casa un trofeo muy importante, habíamos vuelto a sudar todos juntos, hasta el último minuto. Inmediatamente después del silbato final busqué la mirada de Diego, me arrodillé y me puse a llorar. Él me abrazó como a un hermano, feliz, me apretó fuerte e invitó a todos a darme su agradecimiento, en medio del campo y ante las cámaras, mostrando de nuevo el rostro de su grandeza. Había luchado más que todos, incluso contra el dolor físico. Había sido decisivo como siempre en esos noventa minutos, con dos asistencias fundamentales. Sin embargo, durante las entrevistas en caliente al borde de la cancha decidió hacerse a un lado y dejarme la escena a mí. "Hemos soñado con esto.

Ciruzzo[33] es *napoletano*, él se lo merece más que nadie. Nosotros hemos hecho algo, pero él ha hecho un gol, ha jugado un gran partido, se lo merece verdaderamente". Uno de esos gestos excepcionales que no todos los futbolistas —se los aseguro— están dispuestos a hacer. Cuando vuelvo a ver esa escena, me parece incluso desproporcionada. Él, al pronunciar esas palabras, estaba escuchando su corazón, lo advertí clara y fuertemente; recordarlo me emociona todavía hoy, porque ese tipo de emoción no desaparece, viaja más allá del espacio y del tiempo. Tal vez haya tenido la suerte de estar yo a tiro en ese momento, pero estoy seguro de que Diego habría rendido el mismo homenaje a cualquier otro compañero de equipo. Era capaz de interpretar bien las situaciones y los momentos, y tenía el alma resplandeciente de quien sabe estar también detrás de cámara cuando es necesario. Él, que puso la cara siempre, incluso cuando no convenía, ese día decidió dejar el centro de la atención a un muchachito de veintidós años que había contribuido a aquel triunfo como todos, que había conquistado y vivido su noche especial. Todos éramos Maradona, además. Diego seguía repitiéndonos ese mantra hasta hacérnoslo entrar en las venas.

Poco después de aquel abrazo que nunca olvidaré, fue a buscar la copa para nosotros. En el camino hacia el trofeo se encontró con el presidente Ferlaino: hablaron un poco, intercambiaron sonrisas. Más tarde sabríamos que precisamente en esos pocos segundos, Maradona le dijo al hombre que lo había llevado a Italia que para él —interiormente— esa historia había terminado. Quería ir a Marsella para un final de carrera más tranquilo, había comenzado efectivamente a vivir sus problemas y sus excesos en Nápoles, inútil negarlo. Discutía con la Sociedad, con la prensa, con cualquiera, pero no con

---

33 Tratamiento cariñoso del nombre Ciro.

nosotros. Con sus compañeros, con los que siempre había mantenido una relación sincera, positiva e intensa, seguía comportándose de manera simplemente espléndida. Nos había hecho ganar en Italia, nos había hecho ganar en Europa, y sentía que su misión estaba cumplida. También sonreía en ese momento, mientras apretaba, besaba y elevaba la Copa hacia el cielo de Stuttgart, saludándonos de la mejor manera posible, mientras a su alrededor todo se disolvía inevitablemente en alegría. El mar de Nápoles estaba nuevamente rebosante de pura felicidad, nos estaba esperando y cada uno de nosotros estaba listo y ansioso por sumergirse en él.

Como siempre, fue incontenible el baño de delirio de los hinchas. Electricidad fortísima, aun más bella después del sufrimiento, de las lágrimas y las incomprensiones del año anterior. La ciudad volvió a llenarse de color, así como el estadio San Paolo cuando nos recibió para el Napoli-Torino. Diego entró en el campo levantando la Copa al cielo, jugamos en el centro del abrazo de un coro de amor que nunca se apagó. Ganamos 4-1, pero me lastimé después de un choque con Diego Fuser y salí en camilla. Mi temporada se cerró allí, con una pequeña nota negativa, un grano de tierra opaca en un año brillante, en el que sentí que finalmente me había convertido en hombre.

Había madurado y estaba listo para dar un paso importante: ese verano me casé. El presidente Ferlaino me preguntó qué regalo de boda me gustaría recibir y le respondí "La Copa de la UEFA". Recibí una reproducción prácticamente idéntica a la original, que sublimaba de manera perfecta una memoria indeleble, y desde entonces permanece conmigo.

Debido a aquella lesión, tuve que pasar por una cirugía, así que la luna de miel que había planeado cuidadosamente se esfumó por completo. Sin embargo, no me había dado cuenta del regalo de Diego. Antes de partir para sus vacaciones, me llevó aparte una vez más: "¿Ves esto, Ciro? Es la dirección exacta. Vos vas ahí y te vas a encontrar con mi barco, que te espera solo a vos". Me sorprendió de nuevo, como aquel abrazo fortísimo en el centro del campo de Stuttgart. Porque Diego conseguía siempre dejarte sin palabras. Mi viaje de bodas volvió a la vida inesperadamente: cuatro días de ensueño en Capri, en el barco de Maradona. Rodeado de la belleza del mar, fresco y esplendente como el corazón de Diego.

9

MONTAÑAS RUSAS

"Bigon dijo que necesitaba once personas que corrieran. Entonces le dije que no podía contar conmigo, yo nunca corrí en mi vida."

Todos nosotros, creo, subimos a una montaña rusa al menos una vez en la vida. Es un movimiento que sacude el alma de una manera muy fuerte: subes lentamente hasta el punto más alto, te encuentras en medio del cielo y solo tienes el tiempo de un suspiro para disfrutar de ese momento. Luego, a toda velocidad, vuelves abajo. Tocas lo alto y lo bajo continuamente, repetidamente, sin respiro y sin tregua. Más o menos así era el movimiento espasmódico que caracterizaba a nuestro Napoli, casi como si su ritmo vital estuviera inextricablemente ligado a la vida de Diego, siempre orbitando entre altas cumbres y ruinosas caídas. Al igual que su naturaleza y su destino, transferidos perfectamente a la piel de todo un equipo.

En 1987 ganamos el primer *Scudetto* de la historia del club, luego vimos cómo se nos escapaba otro a tres jornadas del final del campeonato, en un epílogo pesadísimo que se consumó en el San Paolo, ante nuestros ojos y a los de nuestros aficionados: recibimos un mazazo que podría haber noqueado a cualquiera. Nosotros, en cambio, en 1989 triunfamos también en Europa. Y después, de nuevo, al final de esa temporada perdimos de mala manera la final de la Copa Italia contra el Sampdoria: 1-0 firmado por Renica en el partido de ida en el San Paolo; 4-0 para ellos —sin discusión— en el de vuelta. Ni siquiera estuve en el campo por culpa de aquella molesta lesión sufrida contra el Torino. La derrota se consumó en el estadio Zini de Cremona, debido a la indisponibilidad temporal del estadio Marassi, y fueron noventa minutos de tensión absoluta, nerviosismo histérico y auténticas peleas en el campo de juego. Altos y bajos una vez más, según una trayectoria única y ya típicamente nuestra.

A nivel personal, en cambio, me sentía en el paraíso por todas las emociones que me había regalado aquella noche en Stuttgart, porque era un hombre enamorado. Me había casado y acababa de comprar la casa donde poder construir una familia: calle Scipione Capece, número 3, la misma dirección que Diego Armando Maradona había elegido años antes para vivir en Nápoles. Consideré un privilegio vivir justo al lado de mi amigo Diego. Pronto me di cuenta de que también sería un reto.

La temporada 1989-1990 comenzó en medio de la polémica: Maradona había confiado a Ferlaino que quería marcharse tras la final de la Copa UEFA. Sentía íntimamente que necesitaba cambiar de aire para encontrar la serenidad, e incluso cerró un acuerdo con el Olympique de Marsella. Pero el presidente siguió sin querer escuchar el pedido del capitán: para él era demasiado importante conseguir mantenerlo en Nápoles, de cualquier manera, como si su presencia pudiera ser la única razón para sostener vivo el sueño de la ciudad. Se encontraron, por lo tanto, en dos posiciones opuestas que acabaron distanciándolos día tras día, siempre un poco más.

La preparación de verano, dirigida por el nuevo entrenador Bigon, con las nuevas adquisiciones —Massimo Mauro, Gianfranco Zola y Marco Baroni— se desarrolló según lo habitual. Maradona no estaba, esta vez porque se había comprometido con la Copa América, al igual que los brasileños Careca y Alemão. Sin embargo, la sombra de Diego seguía sobre nosotros, como una nube permanente, amenazante y henchida de acusaciones mutuas y de titulares en las portadas de todos los periódicos deportivos: "Viene", "Vuelve", "No vuelve más", en una continua sucesión de hipótesis diferentes y contradictorias. El campeonato también comenzó en esa misma atmósfera extraña, sin Maradona ni ninguno de los otros extranjeros de nuestro plantel, y aun así conseguimos ganar contra el Ascoli y el Udinese, empatando, en cambio, en Cesena.

Fue entonces cuando Diego regresó a Nápoles y yo comprendí perfectamente lo que significaría compartir incluso la dirección de casa con él. En cuanto regresó, organizó una especie de rueda de prensa improvisada justo debajo de nuestra casa, para explicar por fin con claridad su punto de vista sobre todo lo que se había contado y escrito. Allí estaba Diego, solo, detrás de la verja del garaje; al otro lado, una masa de periodistas enloquecidos. Tuve la oportunidad de seguir la escena en directo, me aposté silenciosamente detrás de las persianas bajas de mi ventana, intentando captar bien cada pasaje de sus declaraciones, sin hacerme notar. A través de las rendijas vi a Diego, con la barba larga, permitirse hacer unas declaraciones bastante fuertes contra Ferlaino. Quería sentirse libre, consideraba la libertad individual una necesidad existencial y acusaba a la Sociedad de arrebatarle un derecho absolutamente básico. Se encontraba en una situación inconcebible para su modo de ver la vida, pero al mismo tiempo seguía reafirmando su amor incondicional por la gente de Nápoles: "Si vuelvo es solamente por ellos, porque por los aficionados del Napoli jugaría en cualquier situación".

Mi campo visual, desde aquel lugar oculto a donde se filtraba muy poca luz, era similar a la que uno puede tener cuando se encuentra encarcelado. Así, tal vez, se sentía también Maradona en ese momento, cada vez más estresado, sofocado por un amor desenfrenado, por un sentimiento indomable e ingobernable que en el fondo sabía que ya no podía sostener, pero que, por otra parte, lo enjaulaba y no tenía intención de dejarlo ir. Este apego casi patológico de su público lo devastaba por dentro. Diego tenía la figura y el aspecto de un hombre que sufre, desgarrado en el alma entre el deseo de huir de Nápoles y el afecto sincero que lo unía visceralmente a un público que lo adoraba.

Verlo afrontar solo, abiertamente, una situación muy delicada que podría fácilmente confundirlo y hacerle dar un paso en falso, me preocupó. Tuve tantas ganas de salir de mi escondite, correr a saludarlo irrumpiendo en la escena para arrastrarlo a un lugar seguro, lejos del "peligro", estrechándolo en un abrazo de amigo que pudiera trasmitirle —en esta etapa crítica para él— toda mi cercanía y afecto.

Después de haber asistido de incógnito pero en primera fila a esta "rueda de prensa", pensé que afrontar la temporada sería inevitablemente muy difícil. El campo de juego y Diego, una vez más, me demostraron que estaba equivocado. Durante toda la semana siguiente, en la ciudad no se habló de otra cosa. Maradona fue convocado al campeonato por primera vez por Bigon, y en el partido contra la Fiorentina en el San Paolo empezó en el banco. En realidad, todo el primer tiempo fue una espléndida actuación individual de otro número 10 por excelencia, Roberto Baggio. Una neta ventaja de 2-0 en favor de la Fiorentina y murmullos en todos los sectores del estadio. Entonces entró Diego y, como por arte de magia, volvimos a ser arrolladores en el juego ofensivo. También falló un penal, pero ganamos 3-2, gracias a un pase suyo a Corradini en los últimos minutos. De la polémica pasamos a la alegría atravesando el miedo y el desánimo. Nos subimos a nuestra montaña rusa en una escalada inexorable que, contra todo pronóstico, nos llevaría de nuevo hacia lo alto. Diego, al final de aquel partido, apareció ante los micrófonos mostrándose un poco cambiado, con una actitud diferente, más distante hacia el club —pero no hacia sus seguidores—, y con su larga barba, que no se había cortado a propósito y que mantendría a partir de entonces. Era un signo evidente y tangible de una incomodidad que se hacía más espesa en momentos en que Maradona se sentía mayormente distanciado con el ambiente.

Con nosotros, sin embargo, en la intimidad del vestuario, seguía siendo el mismo, sin levantar muros ni protecciones, procurando que nada ambiguo ni sombrío contaminara nuestra relación. Ante la prensa, al contrario, explicó que se sentía en falta por el claro retraso de su preparación, comparada con la de sus compañeros, a los que le hubiera gustado dar más.

Aquel partido, en definitiva, lo reordenó todo un poco, aunque los tormentos de Diego no se disolverían. Sin embargo, en el fondo, evidentemente había aceptado vivir otro año así, junto a sus compañeros, que en ese punto se habían convertido para él en una segunda familia. El relevo entre Bianchi y Bigon, por otra parte, había alejado al menos las controversias que surgían en el seno del grupo, esas que siempre tienden a aparecer después de tantos años juntos bajo una misma guía. Se respiraba un aire nuevo y nos encontrábamos, tras cinco jornadas de campeonato, en el primer puesto de la clasificación. Todavía se podía soñar, a pesar de las pesadillas de Maradona.

"Esa camiseta es mía"

Diego se quedó con nosotros. Tras interminables discusiones con la comisión directiva, nos hizo entender en el campo —y también directamente, con palabras— que podíamos seguir contando con su talento y su sudor, como siempre. Aunque, para ser sinceros, a partir de ese año empezamos a verlo cada vez menos en los entrenamientos. No quería traicionarnos, pero al mismo tiempo la inquietud se apoderaba de él a cada momento, llevándolo a vivir en la oscuridad de la noche más que a la luz del sol. También por eso, sobre todo en la fase inicial de la temporada, fue muy importante para nosotros la contribución de Massimo Mauro, un jugador experimentado y de calidad. Durante el período en que Diego estuvo ocupado en Sudamérica, nos garantizó constancia y continuidad. Cuando Diego regresó, sin embargo, protagonizó algunos episodios divertidos.

En aquel campeonato, debido a problemas extrafutbolísticos, a menudo Diego no se presentaba a la concentración antes de los partidos. Más de una vez apareció directamente en el San Paolo poco antes de salir a la cancha, con la formación ya definida y las camisetas ya asignadas. Se acercaba en silencio a Mauro, le quitaba el número 10 de las manos y le decía: "Massimo, esta camiseta es mía…". Nadie tuvo nunca el valor de detenerlo, de hacerle cambiar de opinión. Ni Mauro mismo, que con el tiempo se acostumbró a este tipo de "imprevisto". Solo una vez, a Diego no le resultó el jueguito.

Era 31 de octubre y debíamos jugar contra los suizos del Wettingen en la Copa UEFA. Maradona se presentó aun más tarde de lo habitual y Bigon, con el apoyo de Moggi, decidió dejarlo afuera para darle una lección. Ganamos 2-1, tras empatar 0-0 en el partido de ida. El gol decisivo llegó de penal, por obra de Mauro, que desempeñó a la perfección su papel de inevitable jugador de apoyo, con absoluta disponibilidad y humildad. Y aquel importantísimo gol fue la demostración concreta. En cuanto a Diego, sus repetidas ausencias fueron apenas un pequeño anticipo de lo que todos viviríamos algunos meses más tarde.

No hay que pensar, sin embargo, que Maradona no puso toda la carne al asador. Al final de aquella temporada, aún quedaría el Mundial de Fútbol, y además, en Italia. Como en otras ocasiones importantes, decidió hacerse seguir por su entrenador personal Signorini, el profesor Chenot y el profesor Dal Monte. Ante acontecimientos de esa magnitud, siempre conseguía encontrar la motivación adecuada, y aquel año lo vi luchar con una fuerza realmente impresionante contra los monstruos que seguían agitándose implacablemente en su mente. El hecho de que fuéramos, además de amigos, vecinos, me ayudó de nuevo a comprenderlo mejor: a menudo, de camino a casa después de entrenar, me encontraba con él en su gimnasio privado, instalado en un local dentro del garaje, completamente cubierto de sudor. "Diego, ¿por qué no has venido a entrenar con nosotros?". Y él, con aquella mirada entre culpable y ligeramente divertida, contestaba: "Eh, Ciro, me levanté tarde".

Entrenaba como un loco —solo—, alternando entre la Ferrari y los otros coches que tanto amaba. Con ellos no podía resistir la tentación de salir a toda velocidad hacia donde daba rienda suelta a sus "aficiones", y a la vez, intentaba borrarlo todo con trabajo serio y durísimo. Casi nunca se presentaba en el Centro Paradiso, sobre todo cuando las sesiones eran por la mañana, pero entrenaba duro. Del mismo modo, sin embargo, como si el contraste entre Diego y Maradona fuera un calco del contraste entre el día y la noche, ocurría a menudo que hacia las once de la noche se oía el fuerte rugido de aquella Ferrari lista para salir. Mi esposa se volvía automáticamente hacia mí: "¡¿El coche de Diego?!". Yo, sonriendo, contestaba siempre: "¿Qué? No he oído nada, no es Diego", sabiendo ya que no lo veríamos a la mañana siguiente.

A lo largo de la temporada me convertí en una especie de barómetro. A la llegada al centro de entrenamiento, todos me preguntaban inmediatamente: "¿Pero viene Diego?". Si la noche anterior me habían retumbado los oídos, ya sabía qué respuesta dar: "No creo, por hoy...".

Diego era nuestro líder indiscutible, pero desde cierto punto de vista empezaba a ser como un niño indisciplinado al que había que seguir con preocupación. Así, aprendimos a descifrar pequeñas señales, aparentemente insignificantes. Cuando por la mañana solo veíamos llegar a Signorini con su valijita para Diego, sabíamos que no lo veríamos en todo el día. Signorini esperaba, como nosotros, un cambio, e intentaba adelantar trabajo, anticipándolo en la concentración. Pero después se quedaba solo, esperándolo en vano.

Los problemas de Diego se estaban volviendo cada vez más relevantes, como una ola destinada a arrasarlo todo. Habíamos aprendido a quererlo, percibíamos el peligro, pero al mismo tiempo seguíamos teniendo una fe insensata en un vuelco positivo, como aquellos a los que Diego nos había acostumbrado y que podía llegar en cualquier momento.

Recordándolo todo ahora desde aquí, me doy cuenta de que no era una dirección lógica la que guiaba nuestras decisiones. Nosotros también dábamos volantazos junto a nuestro capitán, empatizábamos hasta tal punto que perdíamos la capacidad analítica necesaria para fortalecernos nosotros y ayudarlo a él. El mayor pesar que llevo en mi corazón es el hecho de no haber sido capaz de enfrentarlo lúcida e íntimamente, no haber podido ayudarlo de forma concreta. No habría sido fácil, que quede claro, ya solo por su carácter. Siempre manejó su vida a toda velocidad, muy pocas personas consiguieron que cambiara algún hábito o incluso de idea. No sé si yo hubiera sido capaz o si él me habría permitido alguna vez seguirlo a las profundidades de ese océano tormentoso en el que se ahogaba, pero siento que al menos debería haberlo intentado. Entonces, sin duda, hoy me sentiría más sereno.

Diego era testarudo, muy difícil de persuadir en general, y para ese tipo de problema —la maldita dependencia de las drogas— habría necesitado ayuda específica y especializada. Además yo era muy joven, me faltaba autoridad para llevarlo aparte y decirle: "Vamos, Diego, ¿qué demonios estás haciendo? No exageres, ¡para!". Hoy, con herramientas más evolucionadas, adquiridas por la experiencia, a menudo reconsidero los pesos colocados en la balanza del pasado.

Entonces me pregunto si verdaderamente la fuerte amistad que existía entre nosotros no habría bastado para salvarlo, me pregunto si la amistad no habría representado para Diego un salvavidas robusto al que poder aferrarse, una voz influyente a la que seguir, a pesar de nuestra diferencia de siete años, que con el tiempo ya ni siquiera hubiera contado.

Ya no estoy tan convencido de no haber tenido armas en mi poder para darle una ayuda importante, pero en aquel momento no era consciente de ello. Creo que mi dificultad para intervenir sin pudor y con la debida obstinación dependía de que nuestra relación siempre osciló suspendida entre dos dimensiones paralelas que nunca se tocaron: por un lado estaba Diego, que se había convertido en un verdadero amigo, partido tras partido y emoción tras emoción; pero por otro estaba Maradona, portador de una sacralidad intrínseca, un "mito" intacto e intocable, no obstante la creciente confianza mutua. Recuerdo que intentaba, con discreción y mesura, pequeños avances de persuasión. Cuando lo veía entrenar en su gimnasio, le repetía: "Diego, ven al entrenamiento, todos te estamos esperando y solo faltas tú". Un llamado cada vez más insistente y obstinado, porque sabía que involucrarlo sería la única manera de salvarlo de todos los fantasmas que lo acechaban. Me había dado cuenta observándolo: incluso en los años más difíciles y turbios seguía viéndolo feliz solo en la cancha. Cuando estaba entre nosotros en pantalón corto y camiseta, cuando después de terminar el entrenamiento disfrutaba con su querida pelota, ensayando más y más tiros libres, junto a un jovencísimo Gianfranco Zola, que lo observaba extasiado. Aquel hombre no era otro que Diego, el chico de Villa Fiorito. Aproveché la proximidad entre nuestras casas para organizar veladas con mis compañeros, compuestas por asados, sonrisas y sencillez, para que se sintiera más tranquilo, tratando así de alejarlo de las tentaciones diabólicas que lo habían arrastrado cada vez más al abismo. Participaba de buena gana, porque nos quería y estaba siempre bien dispuesto con nosotros, con su entusiasmo habitual y su corazón limpio. Pero no bastó.

Muchas veces volví a mirar con detenimiento imágenes y fotos de aquella temporada. En algunas, Maradona aparece muy nervioso al llegar al campo de entrenamiento, cosa que en el terreno de juego, en cambio, no se traslucía en ningún tormento. En semejante estado de ánimo, no es fácil encontrar el botón que hay que apretar para desconectar la tensión y dejarla a un lado, pero Diego siempre consiguió mantener las cosas separadas, otra habilidad poco común. Era sobre todo la mala relación con el club la que lo atormentaba, pero con nosotros seguía comportándose simplemente como un amigo y un compañero: correr detrás de una pelota y bailar a su alrededor sin ningún otro pensamiento parecía contener en ese momento todo el sabor de la vida, de la alegría, de la libertad.

El escándalo surgido a raíz de las declaraciones de Cristiana Sinagra, las acusaciones por el campeonato perdido, que recayeron sobre todo en él, la tensión creciente con Ferlaino, fueron heridas profundas infligidas a una carne muy resistente, pero que podrían haber destrozado literalmente a cualquier otro sin ese carácter especial. Maradona, en cambio, se mantuvo en pie, quizá rengueando un poco, pero mostrando una fiereza imbatible.

Puede que Diego, sobre todo en la parte final de su experiencia en Nápoles, no haya sido un "profesional ejemplar", en cuanto a método y ritmo. Pero todo el grupo siguió queriéndolo instintiva e incondicionalmente, porque notaban su compromiso sincero, y consideraban preciosísimo, diría irrenunciable, el apoyo que nunca dejó de darnos durante los partidos, incluso en condiciones físicas desfavorables.

Durante el transcurso de esa misma temporada hubo innumerables noches difíciles, las infiltraciones se hicieron cada vez más necesarias, los entrenamientos viraron de esporádicos a inexistentes, y los tormentos interiores se hicieron cada vez más frecuentes.

Para nosotros era importante que estuviera en el campo, porque cuando tienes un jugador así a tu disposición, su mera presencia puede condicionar el rendimiento de tus rivales, nublándoles la cabeza de preocupación y miedo, y generando una inseguridad que puedes aprovechar. El Napoli de aquellos años era un equipo formado por muchos otros jugadores importantes, tanto a nivel técnico como de carácter, pero él siempre fue el hombre capaz de cambiar todo de un momento a otro, la estrella a la cual seguir en el camino hacia todo triunfo.

Contento y... descontento

Llegó el día de la celebración más importante también para Diego: el 7 de noviembre de 1989 se casó con Claudia, aprovechando un paréntesis en el campeonato, debido a los compromisos de la Selección nacional. Como era su costumbre, no escatimó en gastos para que el acontecimiento fuera absolutamente único e inconfundible. Más de mil doscientos invitados de todo el mundo, un chárter pagado por él para que todo el equipo del Napoli lo acompañara y viviera la gigantesca fiesta organizada en el Luna Park de Buenos Aires. Caviar, langostas, el mejor jamón serrano del planeta, salmón ahumado y los mejores quesos, entre muchas otras delicias. Y además, un pastel de ocho pisos que escondía en su interior noventa y nueve anillos de oro y uno de diamantes para la novia. Todo reluciente, digno de verse. Por desgracia, yo fui de los pocos obligados a declinar la invitación y dejar esas escenas libradas a la imaginación, para respetar la convocatoria de Italia. Siempre es un gran honor, por supuesto, pero en este caso fue una coincidencia que me causó pesar y tristeza. Me hubiera gustado estar allí en persona, pero en su lugar fue mi hermana Emma. Junto con toda mi envidia.

El hecho de que quisiera al grupo a su alrededor, también en ese día tan especial en la vida de todo hombre, fue un testimonio más de nuestra profunda y redescubierta convicción: Diego seguía sintiéndose firmemente uno de los nuestros, a pesar de todo. A su regreso de Argentina, solo pasó unos días en Capri con su mujer e inmediatamente después volvió al terreno de juego y marcó contra el Sampdoria. Aquella fiesta nupcial, evidentemente, pesó más en la mente del equipo que en la suya propia, porque empatamos en casa por única vez en todo el campeonato —por el resto, coleccionamos solo victorias en el San Paolo—, y luego marcamos ocho goles en la Copa de la UEFA contra el Werder Bremen.

En Alemania, sobre todo, nos derrumbamos 5-1, bajo los golpes de un desatado Karl-Heinze Riedle, que más tarde llegaría a jugar en Italia. Ni siquiera nos preocupamos demasiado, porque para entonces sabíamos que no tendríamos problemas para reaccionar. Lo único que tendríamos que hacer sería retomar el ritmo en nuestra "montaña rusa".

Los resultados, además, empezaban a hablar bastante claro, invitando a sonreír: dieciséis partidos consecutivos sin perder, en el campeonato, antes de la derrota en Roma contra el Lazio, el 30 de diciembre. Otro gran "clásico" de aquel Napoli inolvidable, ganador y también algo loco, entraba en escena: siempre que se acercaba la Navidad, los sudamericanos se volvían a sus países de origen a respirar el aire familiar y regresaban no precisamente en forma. En consecuencia, para nosotros, los partidos inmediatamente posteriores a las fiestas se convertían siempre en los más difíciles de afrontar. Sin embargo, seguíamos teniendo confianza, basada en los comentarios positivos. Ya le habíamos ganado al Inter y al Milan, con Diego y Careca siempre en los titulares por su magia. Encontramos así, definitivamente, un entusiasmo regenerado, una nueva ligereza. Miraba a mi alrededor durante los partidos y percibía en el juego la misma diversión y despreocupación que en 1987 nos había llevado a nuestro primer e inesperado triunfo. Diego se erguía orgulloso en el centro de todo, un poco menos dinámico y un poco más dolorido que tres años antes, pero en cualquier caso, indiscutiblemente decisivo. Aquel campeonato acabaría para él con una excelente marca: dieciséis goles convertidos con la camiseta del Napoli.

Cuando Diego no estaba, aparecían Massimo Mauro o Gianfranco Zola, que mientras tanto maduraba y se formaba a su imagen y semejanza. Zola marcó su primer gol importante en la Serie A contra el Atalanta, en casa. Era el 3 de diciembre de 1989. Ese mismo día yo, que aún no había cumplido los veintitrés años, llevé por primera vez el brazalete de capitán, también debido a la ausencia de Renica. Una emoción indescriptible, una investidura capaz de hacerme sentir un elemento esencial dentro de aquel grupo que seguía creciendo junto conmigo. Algo estaba cambiando lentamente: la evolución de los hechos, pequeñas señales válidas como algunos continuos traspasos de poder, nos obligaban a imaginar un futuro huérfano de Maradona. Nosotros, de momento, no queríamos pensar en ello. Lo único que teníamos en la cabeza era la intención de disfrutar del presente, que volvía a ser espléndido.

La historia volvía a invertirse, con los mismos protagonistas a ambos lados del campo. Dos años antes habíamos sido derrotados por el Milan de Sacchi en una tarde imborrable y dolorosa para nuestros corazones. Las caras eran las mismas que entonces, pero las expresiones eran totalmente opuestas. A cuatro partidos del final del campeonato, el 8 de abril de 1990, llegamos a Bérgamo, nosotros con un punto menos que los *rossoneri* en la tabla, al revés de lo que había ocurrido en 1988. En el campo, Diego nos animaba, teníamos que seguir creyendo, porque se sentía de nuevo buena energía. Alemão se desplomó en un momento del partido porque lo golpeó una moneda lanzada desde la tribuna. El partido terminó 0-0, pero se concedió la victoria al Napoli, como consecuencia de la oportuna aplicación del reglamento del estadio. Pocos recuerdan que una situación idéntica ya nos había sucedido en la tercera jornada del campeonato 1987-1988, en casa, contra el Pisa, pero en aquel caso sin especial polémica. Recuerdo que el veredicto sobre el terreno de juego fue 1-0 por un gol de Sclosa, pero Renica fue golpeado por un objeto al final del primer tiempo y la decisión del juez deportivo fue taxativa: se nos dio por ganado el partido 2-0. Por eso, una vez más, no nos sorprendió lo que decidieron los órganos competentes. Gracias al punto ganado en Bérgamo, estábamos empatados con el Milan en la clasificación, ganamos el siguiente partido contra el Bari, y entonces llegó el punto de inflexión, para pasar adelante. El 22 de abril jugamos un partido increíble en Bolonia, y ya ganábamos 3-0 a los quince minutos, gracias, de nuevo, a la gran inspiración de Maradona y Careca. El Milan, por su parte, perdió completamente la cabeza en Verona, y acabó con una derrota por 2-1 y tres expulsiones, más la de Sacchi. Sonrisas para nosotros y furiosa polémica para ellos.

El asunto de la moneda —como era inevitable— pasó a la historia porque pareció decretar una victoria inmerecida del Napoli. No comento las acusaciones de muchos que quisieron leer en la reacción excesiva de Alemão un intento de acentuar las consecuencias para poder explotar un reglamento que, se sabía, no admitía excepciones. Todas las acusaciones relacionadas con nuestro nuevo triunfo sonaron como excusas para justificar una derrota que dolía. Ese año, el Napoli realmente mereció ganar el *Scudetto* y fue al campo de juego a demostrarlo, también porque al final los puntos de diferencia entre nosotros y el Milan resultaron ser dos, y no solo aquel tan discutido de Bérgamo.

Ese Milan fue un equipo de grandes campeones, inmensos. Puede sucederle a cualquiera perder la cabeza y el control, pero si eres un "grande", es precisamente en los momentos decisivos, en los que la tensión puede asaltarte, cuando debes permanecer lúcido y fuerte. Evidentemente, ellos no lo lograron y, en aquella ocasión, reaccionaron mal. El único que se distinguió, es justo decirlo, fue el presidente Berlusconi[34], que desde el principio nos envió sus felicitaciones y las hizo públicas también a través de la prensa. La diferencia, por lo que a mí respecta, es que en 1988 el San Paolo se esforzó por aplaudir con actitud deportiva al Milan, victorioso con pleno mérito. Nosotros los elogiamos, reconocimos su valor, pero no recibimos a cambio la misma moneda. Fue una lástima que un equipo formado por grandes jugadores, como los que pude admirar directamente en el campo, no hubiera rendido homenaje a nuestra proeza y aplaudido nuestro éxito, ni en ese momento ni nunca. En un contexto de juego y de deporte, más allá de polémicas, decisiones arbitrales y expulsiones, fundamentalmente son estos los comporta-mientos que cuentan.

En Bolonia, mientras tanto, estalló otra fiesta completamente azul: éramos visitantes pero ese color dominaba en todas partes. Todavía no teníamos la certeza aritmética del triunfo, un dato muy legible por la expresión tensa de nuestro presidente. Al menos deberíamos haber empatado con el Lazio, en casa, para tener la garantía absoluta de nuestro segundo campeonato. En la ciudad no pudieron resistir y durante toda la semana, antes del último partido, volvieron a sa-car banderas y bufandas que habían quedado guardadas. Ferlaino trató al máximo, por superstición, de mantener los nervios firmes y el ambiente tranquilo, pero se encontró sobrepasado —también él— por un nuevo río de amor imparable. Aún recuerdo las palabras de Diego, que nos reunió a todos en círculo antes de entrar a la can-cha —a *nuestra* cancha— con la frente alta y sacando pecho: "Hoy debemos borrar la gran decepción de hace dos años, tenemos que

---

34 Silvio Berlusconi, conocido como Il Cavaliere, fue Presidente del Consiglio (Primer Ministro) de Italia entre 1994/1995, 2001/2006 y 2008/2011; y propietario y presidente del equipo de fútbol AC Milan desde 1986 hasta 2017.

hacerlo por nosotros y por nuestra gente que aquel día estaba aquí mirando, sufriendo y llorando. Cuando llegué a Italia lo viví como mi revancha respecto de lo que me había pasado en Barcelona, les dije que cada domingo sería una revancha. El destino, ahora, nos la está sirviendo y es toda para nosotros, el justo premio por todo lo que sufrimos. ¡Agarrémosla!". Temblaba de la emoción, porque realmente esa fue la ocasión para dejar definitivamente atrás toda la amargura, todas las incomprensiones nacidas después de aquel final de temporada increíble. Por esto, sobre todo, el segundo campeonato tuvo un valor distinto del primero: fue menos irracional e impetuoso —quizás— en cuanto a emoción, pero fuertemente buscado y querido en cuanto a determinación y tenacidad. Era todo nuestro y nos lo merecíamos. Pusimos así el último sello sagrado de un período absolutamente mágico, en cierto modo milagroso, considerando el mar tormentoso que habíamos navegado y las mil dificultades que habíamos tenido que superar.

Aquel grupo se hizo grande. Exactamente como yo, que mientras tanto había sido padre por primera vez. Al entrar en el terreno de juego nos presentamos todos con nuestros hijos, para un tipo de celebración, mucho más madura y consciente que la primera vez. Yo llevaba en brazos a mi adorada Benedetta recién nacida. Para la ocasión, Mamá Tota —la madre de Diego— había confeccionado con sus propias manos un conjunto especial para mi niña. Diego me lo había prometido mientras la esperaba y una vez más mantuvo su palabra. Veía la vida fluir felizmente a mi alrededor, pintada con los colores de la alegría y de las victorias, calentada por la caricia de un verdadero amigo único.

Diego, como siempre, encarnó el símbolo perfecto de todo lo que habíamos vivido en un año: viéndolo volar en el campo contra la Lazio, inevitablemente pensé en su atormentadísimo comienzo de temporada. Había vuelto a Nápoles preparado para la "guerra" contra el club, con la barba larga y el rostro sufrido, y unos meses más tarde nadie hubiera podido imaginar volver a encontrarlo así: nuevo y brillante como solo él sabía serlo, cuando quería. Entre muchas e inconmensurables virtudes, le he reconocido siempre la de ser un hombre sincero y sin filtro. Así fue cuando trató de degradar su forma exterior y su aspecto, asemejándolos en espejo a su estado de ánimo. Bastaba con mirarlo para saber cómo venía el día.

Contra el Lazio jugó uno de los mejores partidos de todo su campeonato, siendo decisivo con la asistencia para el gol de Baroni. Tenía adentro unas ganas explosivas, y esto no escapó a la mirada del DT Carlos Bilardo y de todo el personal técnico de la Selección argentina, presentes en la tribuna porque habían sido invitados por él poco antes del Mundial. Representaban a su familia y los quería cerca, exactamente como había sucedido con el Napoli el día de su boda. Después del gol de ventaja, solo hubo que esperar hasta las 17:47 de ese día destinado a entrar en el mito, hasta el nuevo triunfo del Napoli, una vez más campeón de Italia, y de una ciudad una vez más desbordante, de una alegría alucinante.

Antes de sumergirme en la fiesta, me volví hacia Maradona, solo por un momento. En 1987 lo había visto exaltarse como un niño enloquecido; ahora me parecía más compuesto, contemplativo y cansado. "Fue hermoso, porque ganar el segundo *Scudetto* en Nápoles vale como ganar diez en otra parte. De esto sigo convencido" —reveló luego a la prensa—. Ese gesto de victoria en el campo parecía esconder el mensaje de "misión cumplida", como si esta vez su alegría estuviera relacionada con una promesa más que con el entusiasmo puro y juvenil.

Todas las veces en las que lo hablé con él, incluso después de bastante tiempo, Diego nunca logró ocultar la conmoción al recordar el instante exacto en que nuestro Napoli entraba en la cancha del San Paolo. Un momento perfecto transformado en un estado de puro éxtasis, a su vez arraigado para siempre en las células de su memoria. Adentro se podía sentir el afecto de un pueblo embelesado, oír sus voces al unísono en un canto elegíaco: ¡*Si' stat' 'o primmo ammore, e' o primmo e ll'urdemo sarraje pe'me!*[35]. Versos que atraviesan la piel, un poema musical, perfecta banda sonora para un minuto y medio épico. Escucharla resonar en miles de voces, ese día, le dio a nuestra fiesta un sabor diferente, sazonado con un toque de nostalgia, aunque igualmente dulce. Para Diego, creo, fue precisamente así: se deleitó con ese último éxito, que consideraba el más sabroso; "porque es el más reciente" me repetía sonriendo.

En los vestuarios estalló de nuevo el delirio, con Maradona en el papel de matador indiscutible: tomó el micrófono del enviado de la RAI, como había hecho tres años antes, y entrevistó uno por uno a los compañeros de equipo, dejando la escena a los demás y la palabra al sentimiento. Los periódicos empezaban a considerarlo una especie de monstruo, por su vida desenfrenada, un personaje construido sobre el pecado y la mentira. Ante mis ojos, seguía siendo, una y otra vez, un hombre auténtico y sincero.

Recomienzo desde... dos

Cada uno de nosotros, a lo largo de nuestra vida, toma fotografías interiores. Imágenes y momentos que permanecen eternamente en nuestra mente y en nuestro corazón. Nunca podré olvidar la celebración de aquel nuevo éxito, organizada por el club de manera única y absolutamente característica. El fútbol moderno se ha acostumbrado a ver a los equipos recorrer la ciudad en un autobús descubierto, para recibir el abrazo del público. En aquella época, tal costumbre no existía y, pensándolo bien, habría sido muy difícil hacerlo en ese

---

35 Parte de la famosa canción napolitana "El soldado enamorado": "Has sido mi primer amor, y el primero y el último serás para mí".

caso específico. Cada una de las esquinas de Nápoles se colmó nuevamente, las calles estaban llenas de banderas, globos, pancartas, gente y música. Habría sido realmente complicado pasar con cualquier medio de transporte por aquel inmenso río de pasión. Pero por suerte el club optó por celebrarlo en medio del mar.

Todo el equipo se reunió en un barco junto con algunos invitados excepcionales. Fue una velada hermosa e inolvidable para nosotros y nuestras familias. Teníamos una perspectiva diferente, veíamos a Nápoles desde lejos. No estábamos inmersos en la ciudad sino que admirábamos ese esplendor desde el golfo, pudiendo disfrutar en el modo más poético posible lo que estaba sucediendo, los colores y la fiesta. Por supuesto que festejamos, bailamos y cantamos, con Maradona también allí como protagonista. Todos disfrutamos de la maravillosa sorpresa de tener a Massimo Troisi en persona. En 1987 había participado a través de una conexión en la transmisión de la RAI, pero esta vez pasó toda la velada con nosotros. Era un hombre muy reservado y tímido, pero también un grandísimo y sincero aficionado. El amor mutuo entre esta alma bella y Maradona fue inmediato, siendo sellado, como siempre, con su sonrisa espontánea y luminosa.

En lo que a mí respecta, aquella velada con Massimo Troisi —además del personaje en sí— fue otro gran trocito de historia, para el Napoli y para mí. Un fragmento de existencia capaz de llenar mi alma de orgullo y emoción por el mero hecho de haberlo vivido en persona, de haber estado allí. Para ser sincero, de una sola cosa aquella tarde me arrepiento. No niego que, cuando me reservo uno de esos momentos para mí solo y miro alguna de las fotos de la fiesta, siempre me hago la misma pregunta: "¡¿Por qué, para una ocasión tan importante, elegí ese extraño pulóver verde?!". Todo cambia con el tiempo, especialmente la moda. Las emociones, sin embargo, afortunadamente siguen otro camino y permanecen literalmente inmutables, hoy como ayer.

Después de la fiesta llegaron las despedidas. Diego y yo tomaríamos caminos completamente distintos esta vez: él en la concentración del equipo argentino para el Mundial, como vigente campeón del mundo, yo en la de Italia, para mi primer Mundial. Y además como locales. Nápoles y ese mar, por un absurdo giro del destino, seguirían estando en el trasfondo de nuestra historia.

10

UN HOMBRE "MUNDIAL"

*"Durante el último tiempo en Italia fui
como un auto de Fórmula 1 que iba a
300 por hora y que nunca se detenía.
Pero eso no le importaba a nadie."*

Durante toda esa temporada, Diego nos había estado tomando el pelo, sonriendo y repitiendo que su Argentina era la actual campeona del mundo, y que él iba a arruinar esa fiesta esperada en toda Italia. En realidad, su equipo era aún más débil que el que había llevado a un asombroso triunfo en 1986, pero en el fondo él seguía teniendo exactamente la misma convicción. Amaba la camiseta de su Selección de una manera increíble, total. Afirmaba que habría estado dispuesto a jugar por ese símbolo incluso sin una pierna, y yo —que lo oí decir esas cosas directamente— puedo asegurar que realmente lo habría hecho. Por lo demás, los dolores en el tobillo, la rodilla y la espalda seguían apareciendo y atacando su cuerpo cada vez más desgastado. Sin embargo, se sentía muy preparado para este nuevo y apasionante reto y lo decía con una mirada rebosante de orgullo invencible. Maradona llegó a aquel acontecimiento con todo lo que había vivido en sus últimos años en Nápoles: el esplendor y la devoción que sus hinchas le habían tributado, pero también la polémica y las acusaciones que no paraban de crecer, golpeándolo como bofetadas en plena cara, procedentes de un país que parecía haberse cansado de él. Desde luego que Diego no tenía miedo a nada de esto, y ya lo había demostrado sobradamente en cada una de sus declaraciones pasadas, sin contradecirse en el presente.

Seguiríamos estando cerca. Él en el campo de entrenamiento de Trigoria, con Nápoles como campo base designado para sus partidos con Argentina; yo, en el campo de entrenamiento de Marino, al lado de Roma, con el equipo que el director técnico Azeglio Vicini había elegido definitivamente para afrontar el mayor desafío: vencer a todos ante su público. Porque si un Mundial llega inevitablemente pocas veces en la vida de todo futbolista, jugarlo en casa es una ocasión única.

El primer partido de todo el evento puso inmediatamente a Diego en escena: su Selección, defensora del título, fue derrotada con enorme sorpresa por Camerún en el San Siro. Desde el primer paso se comprendió que para una Argentina con mucho carácter y poco talento —Maradona aparte— sería más bien un Mundial de "resistencia". Él mismo me confió más tarde que, además de todos los dolores físicos que ya lo atormentaban, jugó aquellos partidos prácticamente sin el dedo gordo de un pie; además, muchos de sus otros compañeros arrastraban lesiones y problemas. En resumen, para ellos había sido sobre todo una "lucha".

Nuestro torneo, sin embargo, resultó completamente diferente: en el primer partido contra Austria sufrimos un poco antes de lograr el éxito, pero luego conseguimos una remontada constante. Ganamos contra todos en un Estadio Olímpico de Roma lleno de gente entusiasta y de pancartas y banderas tricolores ondeando con orgullo.

Una emoción difícil de olvidar, a pesar del final. Yo estaba lleno de adrenalina, ahora formaba parte con pleno derecho del grupo de los mejores futbolistas del país, aunque viví esa experiencia principalmente como... espectador. En aquella época, el reglamento aún preveía el banco de suplentes "corto", es decir que cada DT podía designar un máximo de dieciséis jugadores y, por esta razón, a menudo me encontraba desempeñando el papel de simple aficionado. Cuando vuelvo a ver las imágenes de aquellos partidos me doy cuenta de que, en la clásica rueda de rostros sentados en el banco, el mío es siempre el último de una lista muy noble: las cámaras filmaban a Andrea Carnevale, Gianluca Vialli, Roberto Mancini y luego me tocaba a mí, con el muy puntual y característico *"¡Ciao, mamma!"* enviado a casa. El mero hecho de estar allí, en ciertas ocasiones representa un honor sin igual, pero como no estaba entre los protagonistas, aproveché —furtivamente y un poco como un *scugnizzo*— la situación para testimoniar a mis seres queridos mi presencia en el Mundial.

Argentina siguió luchando, incluso habiendo pasado la primera ronda entre los mejores terceros de las distintas rondas. Y así tuvo que enfrentarse al pujante Brasil, en un primer derby "napolitano" que enfrentó cara a cara a Alemão y a Careca contra Maradona en octavos de final. El equipo de Diego siguió sufriendo durante noventa minutos enteros con los dientes apretados, pero él lo decidió todo con una sola jugada. Una asistencia perfecta para Caniggia, creando en mi cabeza un guion cada vez más preocupante. Italia seguía volando veloz: arrollamos también a Uruguay, y toda la nación empezaba a reflejarse en la mirada inolvidable del nuevo héroe del momento: Totò Schillaci. Pero cuando nos tocó jugar contra Irlanda por los cuartos de final, ya conocíamos las burlas del destino. En caso de victoria tendríamos que jugar contra la Argentina de Maradona y justo en el estadio San Paolo. Volvió a marcar Schillaci, ganamos, pero la escena decisiva de lo que podría haber sido un cuento de hadas se convirtió en una pequeña gran tragedia.

Italia-Argentina. Otra vez yo contra un verdadero amigo, persiguiendo exactamente el mismo sueño, tres años después de la primera vez que me encontré frente a él envuelto en el muy extraño traje de adversario. Era el 3 de julio de 1990 y solo habría sitio para uno de los dos, en medio de una Nápoles que inevitablemente le desgarró el corazón. "Ahora me parece de mal gusto pedirles a los napolitanos que sean italianos por una noche, después de que durante trescientos sesenta y cuatro días al año los mismos italianos los tratan de *terroni*[36]...".

Diego, como hábil comunicador, decidió abrir y encender el desafío con esta afirmación. La ciudad, tocada en su sentimiento más fuerte, quedó golpeada y condenada a su propio rol, como una mujer que se debate entre el amor a un hombre y la lealtad a su familia de origen, con el orgullo imborrable de pertenecer a ella.

Nápoles quedó suspendida entre dos fuegos, su corazón desgarrado entre una cruel dicotomía: el llamado de la sangre y el igualmente fuerte llamado de la pasión. Quedaba la clara conciencia de ir a toda velocidad hacia una traición imposible de evitar porque, en cualquier caso, no habría escapatoria. ¿Cómo olvidar que Maradona había vivido seis años en Nápoles como líder absoluto e indiscutible? ¿Cómo olvidar que había dado a esa misma gente campeonatos, copas, triunfos y felicidad, la sensación única de una redención buscada durante años, recibiendo a cambio gratitud y reconocimiento eternos? Ese vínculo visceral se corroboró aún más con los insultos y las pancartas racistas que habían recibido al mejor futbolista del mundo en los distintos estadios de la península desde los primeros partidos. Fue inevitable el proceso de identificación total que se produjo.

---

36 Término despectivo con el que se nombra a los italianos del sur.

Muchas veces he pensado que habría sido realmente bueno jugar aquel partido, precisamente a la luz de las expectativas que se habían creado y del tono acalorado que rodeó aquel enfrentamiento. Después de las declaraciones de Diego, tal vez Vicini podría haberme puesto a marcarlo y amortiguar el alcance mediático del desafío, y un razonamiento similar debe de haber hecho, ya que nuestro común amigo Nando De Napoli fue elegido como titular en ese rol. Todos los periódicos y empresas televisivas de la época centraron la historia de ese partido, desde la víspera, en este tema tan fuerte y conflictivo. Entrevistaron a los napolitanos, repitiendo siempre la misma pregunta: "¿A quién apoyarás esta vez?". Mi ciudad tomó partido sin dudarlo, apoyando a Italia y limitándose a no abuchear a su héroe, debatiéndose entre el entusiasmo y el respeto.

Nos pusimos en ventaja con un gol de Schillaci, y luego poco a poco empezamos a apagarnos. Habíamos gastado mucha energía durante todo el torneo, el partido se convirtió gradualmente en un ejercicio de resistencia, teniendo en cuenta que Argentina ya había demostrado ser muy difícil de superar para cualquiera.

Llegaron los penales. Diego marcó el suyo y nosotros fallamos dos. Llegaron las lágrimas de todo Nápoles para enmarcar la sonrisa burlona de Maradona, como una prueba más de una elección hecha por toda la ciudad con total conciencia y convicción. Mis propios ojos vieron a Diego regocijarse justo cuando nuestro sueño nacional se desvanecía, pero así es el fútbol, con toda su fascinación que también se basa en un componente de inevitable crueldad. Porque, como ya dije, cada vez se recomienza desde cero, pero igual siempre hay alguien que gana y alguien que pierde.

Todas las discusiones que se desarrollaron tras el partido sobre lo inapropiado de que se jugara un desafío así en el San Paolo, y sobre el comportamiento de los seguidores del Napoli, siempre me parecieron sinceramente fuera de lugar. Habíamos recibido una gran acogida en Roma, indiscutiblemente. Nuestro equipo era fuerte y unido, teníamos la suerte de jugar el Mundial en casa y estábamos entre los "favoritos". Pero no perdimos por este motivo. Si quedamos afuera de una competición tan importante, si sentimos tanto dolor, no fue por culpa del público. Estaba en ese campo de juego y puedo afirmarlo con absoluta certeza: son excusas. Jugamos ese partido decididamente peor que los otros, probablemente por el cansancio acumulado y la dificultad para manejar la tensión creciente, la que llega cuando el objetivo final se acerca. La que Diego siempre supo manejar mejor.

Me lo encontré a la entrada de los vestuarios, y no logré resistir: ¡*Ma vaffan...* Diego! Él se rió y me abrazó, para intentar al menos consolarme como amigo, porque él mejor que nadie podía comprender nuestra amargura, aun viviendo un nuevo momento de absoluta y muy justa revancha personal.

Italia le pasó factura apenas cinco días después, cuando los equipos de Argentina y Alemania se alinearon para la final. En el momento de los himnos, los setenta y tres mil espectadores presentes en el Estadio Olímpico de Roma silbaron con fuerza el de la Selección de Maradona. Él, muy nervioso, esperó sabiamente el momento en que sería captado por las cámaras, no para saludar a su madre como me había acostumbrado a hacer yo. Respondió a esa gente, a toda la nación, con un insulto a nivel mundial. "¡Hijos de puta!". Creo que si tuviera que escribir el guion de una película, elegiría esta como escena final de la relación entre Diego e Italia.

Aquella silbatina y su respuesta sellaron su separación definitiva, como un lazo que, después de haber llegado al límite, se rompe. Nos quedamos muy mal, por la amistad sincera que nos unía, y también por el papelón que hicimos como italianos, cualquiera hubiera sido el adversario o el motivo del supuesto conflicto. Por lo que a mí respecta, no hay razón lógica que pueda justificar un gesto así. Silbar en un momento tan solemne e importante a una nación y a los jugadores que la representan me parece repugnante. No sucedió solo esa vez y no sucedió solo en Italia, es verdad. Pero es un gesto mezquino y debe ser asumido como tal. Maradona perdió por un penal de Brehme a cinco minutos del minuto 90. La resistencia argentina se derrumbó a un paso de la meta y Diego lloró, tal como lo hicimos nosotros unos días antes, en el momento de la premiación. Parecía un niño desesperado, porque estaba íntimamente convencido de que podía alcanzar también el último objetivo que se había propuesto con la camiseta de su amada patria. En cambio, fue derrotado, como yo, que al menos me di el gusto de jugar como titular el único partido de mi Mundial, en la final por el tercer puesto ante Inglaterra. Un buen 3-1 en Bari, para tratar de alejar toda esa pesada amargura.

Con veintitrés años, acababa de jugar como titular mi primer partido en un campeonato mundial, que sería el único de toda mi carrera. Entre lesiones y desventuras varias, a pesar de haber permanecido entre los posibles convocados por muchos otros años, nunca más tuve una ocasión similar. En la vida debes estar preparado para darlo todo y esforzarte al máximo para alcanzar ciertos objetivos, pero también debes saber tener en cuenta el destino. Tendría tiempo para aprenderlo, mientras que Diego se encontró con esta verdad inexorable, como un puñetazo en plena cara. Entre una lágrima y otra.

11

ADIÓS, AMIGO

"Sé que no soy nadie para cambiar el mundo, pero no quiero que nadie entre en el mío para condicionarlo."

El Mundial es algo que deja, a quien lo vive en el campo de juego, una marca indeleble en la mente y en el alma. Desde el punto de vista más concreto e inmediato, concede a quien lo ha jugado un período de vacaciones diferente del de todos los demás. Por este motivo, cuando el grupo del Napoli se reunió para la nueva temporada, De Napoli, Careca, Alemão y yo no estábamos presentes. Nuestra cita con el *azul* se había fijado para fines de agosto en Soccavo, donde comenzaríamos una preparación diferenciada, separados del resto del equipo. Diego, en cambio, podría disfrutar de unos días más de descanso. El primer compromiso sería un amistoso contra el Bologna, el equipo que, más que ninguno, nos recordaba nuestro último campeonato recién ganado, un estímulo útil para preparar mejor la final de la Supercopa de Italia contra la Juventus.

Conociendo las costumbres de Diego, no esperaba encontrarlo en Soccavo antes de lo previsto. "¿Qué demonios haces aquí?" —le preguntamos Careca y yo con cara de sorpresa—. "No, vine solo por un rato, pero ahora me voy a pasar unos días más en barco. Nos vemos en Imola".

Una semana después, todos los nacionales, menos Diego, nos unimos al grupo, como habíamos acordado, para nuestro primer amistoso. Bigon ya me trataba como si fuera el verdadero capitán de ese equipo, un punto de referencia. En ese aspecto, la experiencia en la Selección nacional significó aún más responsabilidades sobre mis hombros. Dos días antes del partido, el entrenador me llamó aparte: "Ciro, mientras no vuelva Diego, por lo que a mí respecta, tú eres el capitán de este equipo. Hoy iré a Budapest a estudiar a los oponentes contra los que jugaremos en la Copa de Europa. Volveré pasado mañana para el partido contra el Bologna, así que confío en ti. Por favor". Yo respondí con seguridad: "Pero claro, señor, no hay problema. Quédese tranquilo".

Cuando el gato no está, los ratones bailan. Así es el dicho, y de hecho ese día comenzó a crearse, hora tras hora, una atmósfera particular. No solo porque Diego se presentó por sorpresa aunque todavía tenía unos días de permiso, sino también porque la repentina ausencia del entrenador estaba haciendo cosquillas despertando una loca idea: "Ahora o nunca, chicos. ¡Vamos a la discoteca!". El "equipo" estaba formado por Mauro, De Napoli, Crippa, Silenzi, Careca, Rizzardi y yo. El objetivo declarado era La Pineta, una famosa discoteca de la Riviera de Romaña. Conseguimos un solo coche, el de Baroni, pero no bastaría para todo el grupo. Así que nos miramos y encontramos la solución; el único que podría ayudarnos, en la zona, la única persona que tenía un coche era el masajista, Salvatore Carmando.

Fui a verlo, convencido: "Carmando, necesitamos tu coche". Él, ya un poco preocupado, eligió una pregunta como respuesta: "¿Por qué, qué quieren hacer?". "Nada raro. Queremos ir a la discoteca, pero puedes estar tranquilo. Te ruego, no digas nada, cúbrenos y no levantes la perdiz". Mirándolo, me sentía un poco como Pinocho frente a Polilla: "No, no, no, no… no me metan en medio de estos líos, chicos. No me pongas en esta situación, Ciro. Por el amor de Dios, no existe". Intenté insistir y suscitar en él el sentimiento de culpa, en nombre de nuestra amistad: "Dale, Carmà, no seas traidor". Él se puso firme: "Te he dicho que no, Ciro. ¡No existe!".

Necesitábamos un plan de emergencia y todos pensamos lo mismo, cómplices y decididos a pasarla bien. Fuimos a la habitación de Diego, que todavía estaba arreglando sus cosas. "¿Qué pasa?"—nos preguntó sorprendido—. "Diego, tenemos un problema. Esta noche habíamos pensado ir a la discoteca". Esa fue una de las pocas veces en que él no violaría las reglas, quizás también porque acababa de llegar. Por eso se quedó agradablemente sorprendido. "¿Qué quieres hacer, quieres venir?". Él contestó enseguida: "Sí, sí, cómo no. Voy yo también". Entonces le dijimos: "Pero tenemos un inconveniente. Somos ocho y solo hay un coche, nos serviría tener otro". Entonces él, cada vez más intrigado, preguntó todavía: "¿Y quién podría tener otro coche?". Yo anuncié: "Carmando tiene pero dijo que no nos lo quiere dar". "¡¿Qué dijo?!"

Diego tenía una suite bastante grande, así que decidimos quedarnos todos en esa habitación —aunque escondidos— para disfrutar el espectáculo. En pocos segundos, se presentó Carmando, con esa mirada de niño enamorado y esa forma única en el mundo de nombrar a Maradona: "Dime *DieCo*, dime". Diego fue decidido y perentorio: "Carmando, necesito las llaves del coche porque esta noche queremos ir a una discoteca". Salvatore tardó menos de un instante en responder: "Sí, sí, sí, *DieCo*. Te las voy a buscar enseguida". Antes de salir de la habitación, se encontró con todos nosotros, listos para insultarlo y golpearlo en broma, por la diferencia de trato recibido.

El plan de acción se había completado, todo estaba listo para nuestra "locura". Es cierto que todavía no había redes sociales y tener un teléfono móvil era un privilegio para muy pocos. Pero los periodistas y los paparazzi sí existían, era de hecho un gran riesgo. Fuimos a la discoteca, nos divertimos, como era natural entre chicos despreocupados de poco más de veinte años, y regresamos con la luz del amanecer de fondo.

Al entrar en el hotel nos encontramos ante el último imprevisto: el médico del equipo, Bianciardi, se quedó helado cuando nos vio: "¿Qué están haciendo a esta hora afuera?". Dijimos: "No, ya sabes, nos despertamos temprano". Estábamos seguros de que había salido todo bien. Al día siguiente, en cambio, salió en el periódico *La Repubblica* un brevísimo artículo que hablaba acerca de "jugadores del Napoli vistos en una discoteca". "Bueno, nos descubrieron", pensé de inmediato, aun tratando de minimizar y hacer desaparecer ese periódico —o al menos esa página— de cada rincón de nuestro hotel. En el caso de que alguien del club hubiera descubierto la "travesura", habríamos tenido que afrontar las consecuencias; además, ninguno había dicho nada a su familia. En fin, iba a ser un desastre y yo no hacía más que rezar. Jugamos el amistoso contra el Bologna, empatamos 2-2 con un gol mío en el final, y justo después del partido algunos amigos periodistas me helaron la sangre: "Mira, Ciro, me parece que mañana se va a armar lío".

Y así fue. A la mañana siguiente nos encontramos en la primera página de uno de los principales periódicos deportivos. Siete fotos de los protagonistas de esa aventura dominaron la escena, con un título gigante y casi de thriller: "¡Escapan de la concentración!". Solo Mauro no estaba, no lo habían encontrado, pero un grupo es un grupo, así que, sin problemas, confesó también su presencia. Siguieron inevitables peleas con esposas y familias, junto a la sonrisa blanca de Diego que, ante mi preocupación sincera, me tranquilizó: "No te preocupes, digo que la culpa es mía y que los obligué a llevarme a la discoteca". Fue realmente la única vez que Diego no tuvo nada que ver, pero sin duda estaba mucho más preparado y desenvuelto que nosotros para afrontar las consecuencias de una situación similar. Recuerdo que Moggi se enojó muchísimo, nos puso una multa de cinco millones de liras a cada uno, prometiendo que la cancelaría con una condición: "Si consiguen ganar los primeros cinco partidos del campeonato, haremos como si no hubiera pasado nada".

En realidad, en aquel inicio de campeonato, solo ganamos un partido, pero quizás algo más lo hizo cambiar de opinión para dejar en todos nosotros solo el recuerdo de las risas y de la diversión de aquella noche, sin consecuencias desagradables. En el primer compromiso oficial de la temporada, también conquistamos la Supercopa de Italia, una nueva y hermosa fiesta en el San Paolo. Le metimos un impresionante 5-1 a una Juventus completamente renovada y dirigida por Maifredi desde el banco de suplentes, gracias a los dobletes de la nueva adquisición, Andrea Silenzi, y de Careca, además del gol final de Massimo Crippa. Nadie podría haberlo imaginado en aquel momento, pero sería el último triunfo de Diego Armando Maradona con la camiseta del Napoli. La última sonrisa completa y profunda.

El esfuerzo extremo del mundial, en el que había dado todo a pesar de estar en condiciones precarias, había dañado aún más el físico de Diego. Cómplices de las salidas nocturnas y los entrenamientos omitidos, se hicieron cada vez más raras las veces que logró estar en el campo de juego con nosotros. En las primeras siete jornadas del campeonato faltó tres veces, a pesar de las ganas de estar a toda costa, más allá de cualquier problema: "Por esta camiseta estaría listo para luchar también en silla de ruedas" —dijo una vez a los periodistas que en aquellos días seguían preguntándole sobre su estado físico—. Perdimos muchos puntos en el camino, prácticamente nos encontramos —ya en la primera fase del campeonato— muy lejos de las primeras posiciones de la clasificación. Algo se había roto, quizás para siempre, aunque no queríamos darnos cuenta. Pero hay noches que hacen mucho más impacto que todas las demás.

El 7 de noviembre de 1990 estaba programada la vuelta de los octavos de final de la Copa de Campeones contra el Spartak Moscú. En estos casos, siempre nos retirábamos unos días antes del partido, pero, a partir del año anterior, Diego solo se nos había unido a último momento. Aquella vez fue diferente. Cada día, cada hora, posponía la cita, cada vez más cerca del inexorable horizonte: "Diego nos alcanzará mañana, como siempre" —nos repetíamos al principio—. "Vendrá a la preparación pre partido" —intentaron tranquilizarnos en el club—. "Llegará esta noche a comer con nosotros en la concentración". Y otra vez: "Estará mañana a la hora del almuerzo". Con esperanza, hasta el último minuto, cuando ya estábamos en el aeropuerto con nuestros pasajes a Moscú en el bolsillo, alguien decía "¡Diego viene al aeropuerto!". Nada, tampoco esa vez. La verdad era que Diego no estaba nada bien, no estaba exactamente en condiciones de poder jugar. Nos llamó Moggi, mientras esperábamos nuestro avión: "Tenemos que ir a verlo, chicos, tenemos que hacerlo viajar con nosotros".

Nos reorganizamos a toda prisa para aquel intento extremo e improvisado, y nos encontramos en la casa de Maradona sin poder siquiera verlo. "Muchachos, esta vez Diego no viaja" —nos dijo su esposa Claudia, visiblemente turbada y preocupada—. Quedamos suspendidos, todos, en un silencio desconocido y triste. Tan profundo como solo el mar sabe serlo.

Quizás nuestra fiesta haya terminado en ese momento. Era la primera vez sin Diego, la concentración ya la había evitado en varias ocasiones, pero después siempre había encontrado la manera de estar con nosotros, a nuestro lado, en todas las batallas. Esta vez partimos solos hacia Moscú, camino a un frío que en realidad ya había envuelto nuestro corazón. Sabíamos que nunca habría querido perderse un desafío tan importante, entre otras cosas porque la Copa de los Campeones era el último gran objetivo por alcanzar, el único que quedó pendiente en su carrera en el Napoli. Pero... la última palabra aún no estaba dicha. Con los grandes líderes en el campo, un partido nunca puede considerarse terminado. Así que Diego también probó su jugada desesperada, el gol de contraataque cuando ya todo se había roto, un gesto que mostraba a la perfección cuáles eran sus sentimientos. Estábamos ya en Rusia cuando se despertó y decidió alquilar un avión privado para alcanzarnos lo más rápido posible. El extraño abrigo de piel con el que se presentó en el hotel cuando eran más o menos las dos de la madrugada y ya estábamos durmiendo, se convirtió en leyenda. Aun tuvo tiempo para guardar su equipaje en la habitación, salir con Claudia y su manager para visitar la Plaza Roja, antes de regresar finalmente a dormir. Por la mañana nos lo encontramos frente a nosotros, que nos restregábamos los ojos para estar seguros de no estar durmiendo —y soñando—. En su rostro, ahora aparentemente seguro y soberbio, se escondía un mensaje inequívoco: "Solo cuando estoy con ustedes logro mantenerme alejado de la droga y de mis problemas".

Este hecho, en su grandeza, hablaba por sí solo. No creo que en toda la historia del fútbol, sobre todo de aquel fútbol, un jugador alquilara a sus expensas un avión privado para alcanzar al grupo. Probablemente sabía que habíamos ido a su casa, y nunca hubiese aceptado la idea de no haber respondido al llamado de sus compañeros. Habríamos tenido, sinceramente, ganas de abrazarlo y de volver a sonreír juntos; sin embargo, entre todos los representantes de la Sociedad había una tensión muy grande y comprensible. Para nosotros, el compromiso era prestigioso e importantísimo desde el punto de vista deportivo y económico, pero al mismo tiempo los dirigentes no podían seguir aceptando de un profesional actitudes y comportamientos tan particulares, tan distintos de los de todos los demás, fuera de todo esquema.

Seguramente fue una decisión muy difícil de tomar para todos, estoy seguro: Diego Armando Maradona fue al banco de suplentes en un partido que podía llevarnos —por primera vez en nuestra historia— hasta los cuartos de final de la Copa de Campeones. Las cámaras, como siempre, lo siguieron sobre todo a él, aunque no estuviera en el campo. Diego no lo tomó tan mal, a él de verdad le bastaba con estar allí, ser parte de ese conjunto de hombres y de corazones. Sabía que había exagerado y que lo que importaba a su alma inquieta era la conciencia de poder recuperar el perdón de las personas que consideraba amigas. El resto, todo lo demás, tenía un valor relativo.

Nosotros, en realidad, lo hubiéramos querido en el campo, pero aceptamos la decisión de la Sociedad. Entró solamente en el segundo tiempo, a veinticinco minutos del final, y el partido terminó 0-0 como el de ida; nos encontramos una vez más todos en fila, a once metros del objetivo. Yo pateé el primer penal y por suerte salió bien. Diego fue el último y lo marcó también. En la mitad, sin embargo, cometimos nuestro único error, con una pelota mal pateada por Marco Baroni, el hombre que había puesto la firma decisiva en el *Scudetto* conquistado unos meses antes. El destino nos había dado de nuevo, rápidamente, la espalda. Aquella noche terminamos derrotados, con un resultado que probablemente haya influido de manera definitiva también en el entorno, en el epílogo de la abrumadora historia de amor entre Maradona y Nápoles. El sol había desaparecido, apenas nos rodeaban el frío y la oscuridad.

En la oscuridad más negra

Una semana más tarde perdimos malamente en casa, 4-1 contra la Sampdoria de Vialli y Mancini, que en esa temporada nos quitaría el título. Habíamos entendido de una vez por todas que Diego estaba viviendo un momento realmente delicado desde el punto de vista personal, que tener entre los titulares a un futbolista así se estaba convirtiendo en una situación difícil de gestionar incluso para una Sociedad que —con el tiempo— había aprendido a conocerlo bien.

Continuamos haciendo todo lo que podíamos, organizando cenas entre nosotros para mantenerlo integrado lo más posible, para tenerlo de alguna manera bajo control. El 5 de diciembre, prácticamente un mes después de la increíble noche de Moscú, invité a todo el equipo a casa para pasar una noche hermosa y resplandeciente de amistad sincera, y fue un poco como tratar de poner la cabeza fuera del agua por un momento, respirar a pleno pulmón, mientras te estás ahogando.

Cenamos en grupo y luego nos pusimos todos alrededor de la sorpresa más grande: Pino Daniele había venido a visitarnos para cantar con nosotros. Compartir emoción e intimidad al máximo nivel, justo en el período en el que la realidad objetiva nos estaba quitando a Diego para siempre. Sin embargo estaba allí, sonriente y feliz, de acuerdo con las paradojas inexplicables que solo una personalidad tan fuerte y al mismo tiempo frágil, tan increíblemente colorida, puede ocultar.

Pino, para mí, siempre ha sido y sigue siendo algo especial, simplemente es la música dulce que me ha acompañado durante toda mi existencia. Era fiel seguidor del Napoli y adoraba, literalmente, a Maradona. Era un convencido de que ese pequeño gran genio argentino debía ser considerado un orgullo absoluto para nuestra ciudad, la representación perfecta de su rescate, al mismo nivel que personajes históricos como Masaniello[37]. En 2004 escribiría "Tango de la buena suerte", una canción dedicada a él. Pero esa noche, en

---

37 Apodo de Tommaso Aniello d'Amalfi (Nápoles, 29 de junio de 1620 – 16 de julio de 1647), pescador y revolucionario napolitano.

cambio, cantamos a todo pulmón "Je so' pazzo"[38], mientras Diego bailaba y Claudia lo miraba. La verdad es que ese equipo siempre había sido considerado un poco loco. Pero habíamos demostrado con hechos que teníamos también muchas ganas de hacernos valer. Gracias a Maradona, sobre todo, lo habíamos logrado.

Ese mismo año también organicé con mi esposa una excursión a la montaña con Diego y con Claudia, siempre con el objetivo de intentar que se relajara. Nos vimos obligados a huir, por los tantísimos aficionados que nos reconocieron a pesar de los gorros de lana y las gafas de sol. Fueron las últimas grandes sonrisas que pude compartir con mi amigo Maradona. Con el nuevo año, todo se precipitó vertiginosamente.

El 10 de febrero de 1991, en el San Paolo se materializó sustancialmente la última pequeña fiesta junto a él en el campo de juego. Marcó dos goles de penal, dio algunas asistencias y algunas jugadas de las suyas para el 4-2 final contra el Parma, y luego en los vestuarios lanzó a los micrófonos un mensaje glacial: "Yo solo pienso en el equipo, pero también creo que después de este campeonato voy a dejar el fútbol y no solo el Napoli". Se sentía solo y cada vez más cercado por enemigos reales, y de sombras pesadísimas que su cerebro seguía generando sin cesar, sin concederle nunca una posibilidad de alivio real.

El 17 de febrero, en Pisa, Maradona entró en el vestuario y eligió misteriosamente la camiseta número 9, renunciando por única vez en toda su experiencia en Nápoles al símbolo que siempre lo había caracterizado. Le dejó la 10 a Gianfranco Zola, como si ya hubiera designado a su propio heredero. Fue otro mensaje inequívoco, que personalmente leí como ulterior señal de protesta contra todo y todos,

---

38   En napolitano: Yo soy loco.

contra aquel mundo que insistía en sofocarlo. Ya no tenía ninguna intención de seguir siendo *Maradona*. Estaba exhausto, pero delante de nosotros seguía mostrándose tranquilo. Por orgullo, por supuesto, pero también porque cada paso de ese nuevo guion lo acercaba a su objetivo: la despedida, el saludo extremo y necesario para el cual —tal vez— ya no tendría ni siquiera las palabras justas.

El 17 de marzo, un mes más tarde, jugó su último partido en el San Paolo con la camiseta del Napoli. Aunque no estaba en su mejor forma física fue central en la evolución del desafío contra el Bari, porque fue también él —esta vez con la número 10— quien le dio la asistencia decisiva precisamente a Zola. Luego se presentó particularmente sonriente ante los micrófonos para las entrevistas post partido, y respondió seguro: "¿Yo *part time* como se hizo con Altafini en la Juventus? Quien dice estas cosas no tiene idea de quién es Maradona". Acababa de pasar por el control antidoping, que resultó positivo para cocaína. Se quedó solo una semana más, el tiempo suficiente para esperar los contraanálisis y terminar en todas las primeras páginas de los periódicos como el jugador maldito.

También jugó y marcó un gol en su último partido con nosotros, cuando perdimos 4-1 como visitantes frente a la Sampdoria. Hizo el último gol de penal después de que el árbitro lo obligó a repetir la ejecución dos veces. En la cancha del Génova tuvo su segunda oportunidad, pero no le fue concedida por la justicia deportiva. Fue definitivamente descalificado, "expulsado" por dos años de todos los campos de fútbol, asesinado en su alma de niño que solo hubiera querido seguir sonriendo al perseguir una pelota de fútbol. Por siempre.

"No es posible". Pronunció solo estas pocas palabras como respuesta a quien fue a llamar a su puerta para darle la confirmación del veredicto, de la sentencia definitiva.

Una cosa es absolutamente cierta: Diego cometió muchos errores, pero siempre los pagó todos con su propia piel, haciéndose daño directamente. Fue autodestructivo en cierto sentido, pero siempre correcto hacia los demás y hacia el juego que amaba. No creo —y está científicamente demostrado— que consumir cocaína pudiera servir para mejorar su rendimiento; sin embargo, cada deporte, con razón, está regulado por normas muy precisas y para él había llegado el momento de pagar la cuenta. Diego eligió una vez más la noche, en el silencio más absoluto, para abandonar Nápoles, en un epílogo malditamente absurdo e inimaginable, extremo giro de ciento ochenta grados de esta historia única e irrepetible, al igual que sus jugadas inolvidables, que quedaron para siempre clavadas en los ojos y en la memoria del mundo entero.

Había llegado a Nápoles a los veintitrés años, y había sido rodeado por el amor ciego y fortísimo de ochenta mil personas en el estadio, faro guía de un pueblo herido. Se fue completamente solo, en la oscuridad, como un fugitivo, marginado porque —tal vez— realmente nunca lo comprendimos en el fondo. Diego se sentía en el centro de una conspiración, de una maquinación lista para hacerle pagar todas las polémicas que había desencadenado. Nosotros no creíamos nada de eso, y desde aquel momento no tuvimos modo de verlo o escucharlo durante mucho tiempo. Desapareció, como desmaterializado. Fue como perderlo todo en un santiamén: nuestro indiscutible capitán, la imagen de la ciudad y un verdadero amigo para mí, que había crecido teniendo la posibilidad de encontrarlo siempre a mi lado, cada vez que me daba vuelta para buscarlo.

Durante los entrenamientos advertíamos claramente un espacio vacío, donde flotaban y resonaban ideas obsesivas en cada uno de nosotros: "Quizás deberíamos haberlo ayudado más, quizás tendríamos que haber intervenido antes". Dudas y silencio adensaban el aire y nuestros pensamientos, cuando todavía no había pasado ni un año desde nuestro segundo campeonato. Diego andaba siempre a mil por hora y así giraba también la vida cuando estabas cerca de él; su carrera había terminado fuera de pista, y se había alejado de nuestros lugares y de nuestras vidas en la soledad total. A nosotros nos quedó solo la melancolía, inmensa, que se extendió sobre el mar azul de Nápoles como un velo de hollín.

12

"QUIEN AMA NO OLVIDA"

"Solo cuando estás en la cancha la vida desaparece.
Desaparecen los problemas, desaparece todo."

La amistad es un sentimiento absolutamente misterioso, y por eso, lleno de un encanto rarísimo. Une las almas de manera inextricable, incluso caracteres y personalidades completamente diferentes entre sí. Nadie puede saber cuándo llega o por qué, pero ata y lo hace para siempre. Para mí, había sucedido con Diego, y para Diego, había sucedido con Nápoles. Su despedida fue silenciosa y dolorosa. Cuando nuestro amado capitán se fue, yo fui designado como su sucesor natural, pero cada vez que me apretaba ese brazalete no podía dejar de pensar en él. Con el tiempo pude razonar sobre lo inevitable de aquel saludo tan rápido como atormentado, incompleto e injusto. Empecé a estar íntimamente convencido de que habría también un después, un retorno, un final mucho más adecuado para esta historia tan bella.

Maradona, una vez de regreso en Argentina, tuvo que afrontar otros momentos difíciles: problemas con la justicia, con la prensa, con sus condiciones físicas que seguían empeorando, con los médicos. Problemas con todos. Pudimos comunicarnos por teléfono, pero sufría mucho al ver las imágenes —en la televisión y en los periódicos— de un hombre que había sido un héroe para todos nosotros y que ahora aparecía en grandísima, objetiva y evidente dificultad. Me dolía, sobre todo, la idea de no poder ayudarlo de ninguna manera, de sentirlo tan cerca en el corazón y tan distante en la realidad.

La primera pequeña confirmación de que esta historia no terminaría de esa manera inaceptable penetró en mi alma tres años más tarde. En 1994, el Napoli organizó una gira por Argentina, y fue entonces cuando pensé que no podía perder la oportunidad de verlo de nuevo: éramos un equipo muy diferente del que Diego había dejado, y sería la última temporada, también para mí, con esa camiseta.

El último abrazo con mi público fue el 24 de abril, cuando jugamos en el San Paolo contra el Parma y anoté el segundo de los dos goles, y mis compañeros me llevaron en andas. Me había convertido en el capitán indiscutible de un grupo compuesto también por muchachos en los que se reflejaba mi mirada entusiasta de unos años antes, la misma que tenía cuando Diego llegó a Nápoles. Las continuas manifestaciones de participación y afecto que habían acompañado a Maradona desde el momento en que puso un pie en mi ciudad habían vuelto a aparecer y ahora me implicaban directamente: "¡Pero realmente has jugado durante siete años con Maradona? Y dime, ¿cómo era? Por favor, ¿me lo haces conocer?". Mi respuesta juguetona y desconcertante era siempre la misma: "No soy yo quien jugó con Maradona, es él quien jugó conmigo".

Todos los jóvenes futbolistas que a mi alrededor estaban llenos de sueños, especialmente los que habían crecido en Nápoles, tenían esta obsesión en la cabeza. Ahora que estábamos en Argentina, en la tierra de Diego, veían en mi figura un posible punto de contacto con la leyenda que había llenado sus ojos de niños, y la esperanza de conocerlo en persona se estaba materializando.

Un día, mientras entrenábamos para los partidos amistosos que la Sociedad había organizado, me presenté en la concentración con una gran sonrisa y una sorpresa especial: "Muchachos, mañana vístanse bien, que los llevo a ver a Diego Armando Maradona". De hecho, en cuanto aterricé en Buenos Aires, llamé a Diego y le expliqué la situación, y él —muy contento— nos invitó a todos a comer a su casa, para la felicidad, también, de Claudia.

A la mañana siguiente nos despertamos muy emocionados, sobre todo yo, porque echaba de menos el abrazo de mi querido amigo. Saber que de allí a pocas horas lo encontraría me llenaba de alegría. Cuando lo vi, lo apreté fuerte, finalmente, disfrutando del alivio de encontrarlo también en buen estado. Estaba en "zona mundial", y una vez más se había metido en la cabeza la idea de sorprender y desmentir a los escépticos (y la pagó cara, sufriendo una amarga descalificación). Hablamos mucho y aclaramos lo que nos habíamos dicho hasta ese momento solo por teléfono. Él me explicó, con más calma, el motivo de su fuga de Nápoles y el feo período que había atravesado inmediatamente después. De vez en cuando me concedía el lujo de apartar la mirada para detenerme en los ojos de Fabio Cannavaro, de Pino Taglialatela, de Massimo Tarantino y de todos los chicos que habían venido conmigo y que contemplaban a Maradona como a una verdadera deidad. Me vinieron a la mente las emociones de mi primera concentración con ese fenómeno delante, mi timidez y su disponibilidad que —en el fondo— seguían intactas.

Mis jóvenes compañeros de equipo habían visto a Maradona en el campo o en la televisión, pero nunca imaginaron que tendrían la oportunidad de conocerlo personalmente. Este fue mi último regalo como capitán, antes de transferirme a la Juventus.

De esa decisión hablé directamente con Diego durante nuestra visita, y recuerdo que me abrazó enseguida y me felicitó sinceramente, añadiendo estas palabras: "Ciro, conocés perfectamente la rivalidad, pero la Juve podrá garantizarte seguir jugando a altos niveles como hasta ahora con el Napoli". El mismo Diego nunca había ocultado su estima por la Juventus, más allá del normal e inevitable antagonismo deportivo. Una estima, evidentemente, fuerte y recíproca.

El *Avvocato*[39], yo y... Maradona

Ese año las cosas anduvieron, más precisamente, así: me encontré con que expiraba mi contrato sin haber recibido nuevas propuestas del Napoli. La dirección deportiva me hizo entender claramente que mi cesión sería necesaria para cobrar nueve mil quinientos millones de liras, que salvarían el balance de la Sociedad. Entre los diferentes clubes interesados en mi compra, hice mi elección: pasar del Napoli a la Juventus. Emocionalmente hablando, no es fácil para nadie, y sabía que al menos una parte de la ciudad viviría mi decisión como una especie de traición. Por otra parte, el destino nos había aportado su toque. A lo largo de la epopeya del Napoli de Maradona, precisamente los *bianconeri* habían representado siempre un punto de inflexión: mi debut en la Serie A; el milagroso gol de Diego en un San Paolo lleno de lluvia y estupor; la victoria en Turín en el año del primer *Scudetto*; los cuartos de final de la Copa UEFA de 1989 y luego la Supercopa italiana de 1990, el último trofeo levantado por Maradona en Italia. El destino me estaba lanzando un nuevo desafío: para seguir jugando en los niveles a los que me había llevado el Napoli, el camino era solo uno. Sentí que tenía que aprovechar lo que resultó ser una gran oportunidad para mi carrera.

Vestir la camiseta de la Juventus, en aquellos tiempos, significaba

---

39   Abogado. Con ese título era llamado el empresario Giovanni Agnelli, propietario entre otras empresas de Fiat y de la Juventus, y un personaje famoso en el jet set europeo y mundial.

ante todo tener que ver con la familia Agnelli. Si el doctor Umberto fue la primera persona que me dio la bienvenida cuando me presenté en sus oficinas para firmar el contrato, conocí al abogado Gianni Agnelli en una circunstancia decididamente menos formal y del todo singular. El 10 de agosto de 1994 teníamos que jugar un amistoso en Lisboa contra el Sporting. Estábamos en el aeropuerto, esperábamos nuestro avión y yo estaba sentado al lado de Gianluca Vialli, que había llegado a Turín hacía ya dos años y me ayudó muchísimo a encajar en la realidad *bianconera*. En cierto momento, uno de nuestros dirigentes se nos acercó con expresión de ansiedad: "Ciro, Luca, tienen que seguirme un momento, está el Abogado, que los quiere saludar, les quiere hablar...". Nuestra primera reacción, absolutamente espontánea, nos llevó a mirarnos y a reírnos como locos: "¡Pero estamos en el aeropuerto! ¿Dónde está el Abogado?". Seguimos al dirigente, que nos llevó a un coche con vidrios oscuros y nos hizo subir. Dentro estaban los jovencísimos Lapo y John Elkann[40], un chofer y un guardaespaldas. La máquina hizo un corto trayecto, mientras empezaba a sentir crecer dentro de mí la emoción y la curiosidad. Llegamos al centro de la pista del aeropuerto dedicada a los vuelos privados, bajamos del coche y junto a un avión —que descubriríamos que era el suyo personal— vi a Gianni Agnelli venir del hangar hacia nosotros. Gianluca ya había tenido el placer de conocerlo y por ese motivo estaba mucho más tranquilo que yo, que lo veía ahora por primera vez. El Abogado me estrechó la mano e inmediatamente me llevó, con sus palabras, a revivir una situación a la que estaba ampliamente acostumbrado: "Hola, Ferrara, bienvenido a la Juventus. Pero Maradona, ¿cómo era?". Pasó a duras penas

---

40 Nietos y herederos de Giovanni Agnelli. Actualmente John está al frente del grupo económico Stellantis.

un segundo entre la "bienvenida" y la pregunta que desde hacía tres años me repetían todos, aunque aquella vez, por supuesto, fue especial: "Abogado, mire, es difícil de explicar con pocas palabras, pero le aseguro que haberlo tenido como compañero fue una cosa grande...". Él parecía divertido y se abandonaba a la imaginación, aunque fuera solo mirando los ojos de quien había podido admirar muy de cerca a aquel fuera de serie. "Sabe, Ferrara, me hubiera gustado tanto tenerlo aquí en la Juventus". Me animé a arriesgar un chiste: "Sí, Abogado, pero si hubiera tenido también a Maradona, nosotros nunca habríamos ganado con el Napoli. Haga ganar algo también a los otros...". "Es verdad, es verdad...". Nuestra conversación se hizo relajada y agradable, y él me contó de su amor por Nápoles y por su cultura, tanto que a menudo pasaba sus vacaciones alojándose en su casa de Gaiola. Mi actitud tímida y respetuosa, así como el temor que sentí al verlo, se disolvieron: unos minutos antes, mientras estaba en ese coche de vidrios oscuros había estado preocupado, esperaba que el Abogado quisiera saber algo más de mí, y que sufriría una especie de interrogatorio como recién llegado. En cambio, me estrechó la mano un hombre de comunicación simple y directa, capaz de transmitir empatía, intrínsecamente enamorado de la pelota y de quien sabe tratarla bien. Como Diego.

Antes de despedirse añadió "Dígame otra cosa, este Zola... ¿cómo es?". Le di también mi opinión sobre Zola y dijo "Ah, okey. Gracias, buen viaje". No me preguntó nada sobre mí, ni siquiera al final. Me volví hacia Vialli, que comprendiendo mi vergüenza se burló de mí, y sonreímos juntos. Se había cerrado una aventura bellísima para mí en el Napoli, se estaba abriendo otra en la Juventus.

¿Adiós? No, bienvenido nuevamente

Estoy convencido de que todos los futbolistas son también aficionados. Es cierto que cuando el fútbol se convierte en profesión, obliga a dejar de lado el componente sentimental, pero en la base la pasión permanece. El mínimo común denominador es una infancia pasada mirando a los profesionales y soñando con lograr estar allí, en aquellos días en que algunos equipos entran en tu corazón. Yo, por ejemplo, siempre advertí desde muy pequeño una cierta preferencia por Boca Juniors, amplificada quizás a lo largo de los años por la cercanía de Diego, que me contaba cientos de anécdotas sobre esa camiseta colmada de historia y sobre aquel estadio de atmósfera incomparable. Había jugado allí de joven, antes de irse a Europa; yo nunca había entrado en La Bombonera.

El 10 de noviembre de 2001 llegó la ocasión para mí también. Diego organizó su despedida del fútbol cuando tenía ya cuarenta y un años, y quiso que yo fuera parte de ella. Comprendí definitivamente que mi sentimiento de amistad profunda era totalmente correspondido, como en un espejo. Me llamó y me dijo que encontrara la manera de estar allí, añadiendo que no aceptaría una negativa. Fue otro espléndido regalo que Maradona me hizo. También yo tenía ya treinta y cuatro años y tantas emociones vividas en el fútbol. Había conseguido ganar con la Juventus, en 1996, también la Champions League, que con nuestro Napoli siempre se nos había escapado. Sin embargo, les aseguro que fue como volver a ser un niño por cuatro días. Observaba cada pequeño detalle con la misma mirada de los más pequeños cuando abren paquetes debajo del árbol de Navidad. Viajaba por Buenos Aires con la sonrisa en la cara, dentro de una fábula completamente nueva.

Me encontré en medio de una ciudad totalmente dedicada a su héroe, postrada a sus pies. Fue como retroceder muchos años, como si todavía estuviéramos juntos en Nápoles. Pasando por delante de los quioscos de la ciudad, como buen turista, comprendí mejor el alcance del evento para toda Argentina: el periódico *Olé* tituló la primera página "Todos somos Diego", el diario *Clarín* eligió llamarlo "El día 10". También allí Maradona había sido criticado de manera durísima por sus comportamientos fuera del campo de juego, puesto en la picota mediática. Sin embargo, en aquellos días parecía haber vuelto a ser la excelencia indiscutida e indiscutible, el rey, el titán que había vencido a Inglaterra gracias al gol llamado "el más hermoso del siglo" y que le había dado el —hasta entonces— último éxito mundial en la historia de ese pueblo.

Para mí fueron días inolvidables, y cuando pisé el césped de La Bombonera sentí una alegría indescriptible, amplificada por dos factores esenciales: nunca había estado allí, y ya por eso me batía fuerte el corazón. Además, fui, junto con Careca, el único de "su" Napoli que fue elegido por Diego para ese momento tan importante. Me sentí parte de un grupo de privilegiados.

Disfruté el placer de volver a abrazar a Diego, de la pasión increíble que lo rodeaba, de la gente literalmente enloquecida por cada gesto o palabra suya. Me encontré inmerso en escenas que ya había visto, pero esta vez en su estadio y en su casa. Fue una emoción fortísima. El partido entre su Argentina y una selección de estrellas mundiales pronto se convirtió en un simple accesorio. Sin embargo, también aquella vez Maradona dejó en claro a todos que quería ganar. Gritaba como siempre, aunque sonriendo, en medio del campo. Y, de hecho, gracias también a un poco de distracción más o menos voluntaria, al final nosotros, los del "resto del mundo", sufrimos seis goles. Dos firmados por Diego.

Aunque jugué contra él, me uní a él para celebrar su último gol. En ese momento comprendí en lo profundo el sentido de nuestra amistad. Consistía simplemente en poder perderme en sus ojos, que nunca me han traicionado, desde el primer día en que tuve el honor de mirarlos.

Al poco tiempo se produjo otra ocasión que nos llevó a encontrarnos. Faltaba solo un paso para escribir el final que había soñado desde aquel lejano día de 1991, cuando voló lejos de mi ciudad sin que yo pudiera saludarlo de la manera que hubiera querido. En 2005, a los treinta y ocho años, decidí que, también para mí, había llegado la hora de dejar de jugar, y me despedí del fútbol. En ese momento se reveló, si es que fuera aún necesario, la mayor demostración de la fuerza de mi relación con Diego, de nuestra amistad que me unirá para siempre a él como a un hermano mayor.

Dos equipos habían marcado mi carrera y mi crecimiento personal; por lo tanto, decidí, como consecuencia natural, organizar un desafío amistoso entre mi Napoli y mi Juventus, en el San Paolo, que me había visto debutar, cerrando así el trazo perfecto del corazón. Empecé a pensar en las invitaciones para involucrar a todas las personas que me habían acompañado en ese hermoso camino deportivo. Diego fue el primer amigo al que llamé y me contestó inmediatamente que sí, sin la menor duda. No puedo ocultar lo que pensé, conociéndolo bien: "Bueno, esperemos que esté. Porque Diego me dice siempre que sí a todo, pero sabiendo cómo es y cuántos compromisos puede tener, a último momento quizás no venga...". Llevé a cabo la comunicación relativa al evento, confirmando con certeza la participación de todos los protagonistas, excepto uno. "¿Viene Maradona o no?", me preguntaban todos, y yo respondía como un defensor puro: "Maradona fue invitado". Nunca dije "¡Llega!", convencido al ciento por ciento, porque quería que fuera un regalo para toda Nápoles y nunca hubiera permitido que el sueño se convirtiera en decepción. En su participación ponía mi más profunda esperanza, acompañada por la conciencia de que con Maradona nunca se podía estar tranquilo.

Diego mantuvo su palabra. Regresó a Nápoles después de catorce largos —e inaceptables— años de ausencia, a ese terreno de juego que había dejado el 17 de marzo de 1991, con el silbato final de Napoli-Bari. El día anterior al evento también fue para mí el último paréntesis de ansiedad antes de la conmoción desbordante. Me mantuve en contacto durante las veinticuatro horas con la gente de su personal, y solo me relajé completamente cuando me confirmaron que

Diego había subido al avión. Aterrizó en Nápoles la misma mañana de la fiesta y fue un triunfo, desde el primer momento en que volvió a poner su mágico pie izquierdo en el aeropuerto. A la hora del almuerzo, fui personalmente al hotel donde se alojaba para darle las gracias. Mis ojos vieron escenas a las que ya estaban acostumbrados, pero que nunca dejaron de sorprenderme. Una indescriptible multitud apiñada bajo su ventana cantaba y gritaba sin intención de parar: "¡Diego! ¡Diego! ¡Diego!". Ahí afuera estaban, probablemente, los hijos de esos mismos hinchas presentes en el estadio el día que él me premió por mi campeonato con el equipo de los juveniles. Gritaban a todo pulmón a las puertas del hotel, inmersos exactamente como entonces en un aura mitológica inalterable y resistente más allá del espacio y del tiempo.

Dada la confusión, llegué a su habitación para abrazarlo. "Diego, no sé cómo agradecerte por este grandísimo regalo que me estás haciendo a mí y a toda Nápoles. Eres un amigo verdadero, pero debo confesarte que sinceramente pensé que no vendrías...". Él me contestó decidido, inflexible y categórico: "Ciro, pero ¿qué decís? Desde el primer día que me lo pediste, nunca pensé que podía faltar. En mi vida siempre tuve muchas dudas, es cierto, pero en esta circunstancia no. No me habría perdido tu fiesta, este momento tan importante para vos, por nada en el mundo". Nos abrazamos de nuevo, me llevó cerca de la ventana mostrándome a todas aquellas personas que en la calle, sobre los coches, colgadas en los semáforos, lo vivaban. "Es increíble, realmente increíble", repetía. Nos separamos y nos reunimos por la noche en el césped del San Paolo. Solo con pronunciar ese nombre, vi tanta emoción en sus ojos, como cuando los domingos llevaba esa camiseta azul con el número 10.

Fue una noche devastadora para mí, y mi único arrepentimiento fue que no pude disfrutarla con la despreocupación justa. Estaba muy agitado y nervioso, quería que todo saliera perfecto porque estaba empaquetando el regalo más grande para mi ciudad. Diversas emociones atravesaban mi cabeza y mi corazón. Cerraba mi carrera de futbolista, volvía al estadio San Paolo, volvía a ver a tantos viejos compañeros. Todo se convirtió también en un acontecimiento mediático de enorme resonancia. Toda Italia —y no exagero si digo el mundo entero— estaba esperando el instante en que Diego Armando Maradona pisara de nuevo el césped del San Paolo, cristalizando el momento. Hubo quien alabó mi generosidad al conceder la escena a otros en un día que debía ser, por definición, todo mío. Esa generosidad la aprendí de Diego, cuando cada vez que obteníamos un triunfo me señalaba a mí o a algún otro compañero para que nos festejaran como a él, o más. Esa misma noche, gracias a aquellas sensaciones, comprendí de una vez por todas lo mucho que Diego se preocupaba por mí y por mi felicidad. Fue un regalo recíproco, y en la amistad no puede existir nada más hermoso.

No sé exactamente cuánta gente había aquella noche en el San Paolo, pero les aseguro que era muy difícil caminar también a su alrededor. El pueblo de Maradona tenía de nuevo a su héroe —finalmente— ante sus ojos llenos de lágrimas, le gritaba su amor desenfrenado e inalterable, mientras Diego abría los brazos con su inefable orgullo, para llevárselo todo. Simplemente. Sin escatimarse en nada, como está en su ADN.

"Quien ama no olvida". Esta fue la única frase que pronunció como comentario de su regreso y, más en general, de toda su vida en Nápoles, suspendida entre una belleza inagotable y caídas vertiginosas. Dio una vuelta al campo muy larga, para estar seguro de haber saludado a cada uno de sus aficionados, y fue en ese preciso instante que sentí mi cuerpo vibrar, sentí mis lágrimas de emoción reflejadas en las de muchos de mis compañeros que habían vivido conmigo aquella época extraordinaria.

Fue como una reverberación incondicional, un efecto dominó de todos nuestros escalofríos, que se posaron en la piel de cualquiera que en ese momento se encontrase allí. Solo los personajes gigantescos pueden detener el tiempo y hacerlo regresar con tanta facilidad.

Durante la vuelta al campo, Diego se enfadó de modo bastante encendido con algún fotógrafo, demostrando que su carácter también seguía en excelente forma. Quería mirar sin obstáculos a su gente, porque había venido por ellos. Creo que fue la mayor muestra de afecto que un pueblo le brindó a un héroe deportivo. Personalmente, nunca he visto nada semejante. "Quien ama no olvida", es verdad.

Mi segundo hijo, Paolo, tuvo la oportunidad de conocerlo aquella noche. Diego ya me había dicho que no quería jugar, porque por desgracia sus problemas en la rodilla se habían vuelto insoportables. Tan pronto como vio rodar la pelota no pudo resistirse. Le pidió a Paolo, que todavía era un niño —pero con un número de calzado importante— sus zapatillas prestadas y probó al menos algunos toques. Diego siempre ha sido así: un niño feliz dentro de un campo de fútbol. Paolo decidió conservar esas zapatillas como una verdadera reliquia. Todavía tendría oportunidad de sonreír junto a Maradona.

Por siempre Diego

Cómo dos personas nacidas a más de seis mil kilómetros de distancia se pueden considerar hermanos, es difícil explicarlo. Y sin embargo sucede y nos sucedió a nosotros. Nunca quise molestar a Diego, consciente de los compromisos que una figura internacional de su peso está llamada a afrontar cada día. Nuestro vínculo, desde que dejó Nápoles, nunca se basó en el trato asiduo, pero resistió tenazmente el tiempo, como lo confirmaron los hechos cada vez que se presentó la ocasión de encontrarnos de nuevo. Hoy nos veo jóvenes, ambos en el umbral de una nueva experiencia, cuando nos dimos la mano la primera vez, precisamente en el centro de "nuestro estadio" sellando el comienzo de una amistad que duraría para siempre.

Apenas un año después de mi despedida del fútbol, volvimos a estar en contacto por una razón muy especial. Camoranesi, uno de mis excompañeros de la Juventus, siempre fue uno de los que vivieron y jugaron con la obsesión de Maradona y nunca lo ocultó. Desde el momento en que llegó a la Juventus, en virtud de sus orígenes argentinos, comenzó a acosarme: "Por favor, haceme conocer a Diego, haceme hablar con Maradona...". Yo me concedía el lujo de bromear: "No seas pesado, Maradona no puede conocer a todos, solo puede conocer a jugadores de cierto nivel, como yo...". No fue suficiente como respuesta y nunca logré que desistiera. Persevera y triunfarás, dicen. Así llegó también para Mauro la ocasión de conversar con su ídolo, allí donde los sueños coinciden milagrosamente con la realidad.

Durante el Mundial de 2006, cuando ya trabajaba en el equipo del DT Marcello Lippi, me encontré nuevamente cara a cara con ese pedido casi desesperado. Pensé en apuntar alto, haciendo una promesa que podría convertirse en una especie de estímulo. Así que al principio de nuestra aventura, le dije: "Camo, te prometo que si llegamos a la final te haré hablar con Maradona". Por lo demás —pensaba—, Diego siempre había demostrado en la cancha que estaba familiarizado con esa competición y con esa Copa. Camoranesi disputó un gran Mundial, nuestra selección llegó hasta Berlín venciendo a Alemania frente a sus aficionados, y me vi obligado a llamar a Maradona para cumplir mi promesa. "Diego, mira, deberías hacerme este favor. Tienes que hablar por teléfono con Camoranesi, porque de lo contrario no me dejará en paz". Maradona se rió a carcajadas y me dijo que no había problema. Entonces, convoqué a Camoranesi a mi habitación para decirle: "Mauro, ¿te acuerdas que te dije que Diego no puede hablar con todos, que lo hace solo con los campeones? Ahora te has convertido finalmente en un jugador serio, así que te paso con Maradona". Y vi otra imagen impresionante: un jugador ya afirmado, a pocos días de una final mundial que se había conquistado en el campo de juego, prácticamente paralizado por la emoción, solo por unos minutos al teléfono con Maradona. Creo recordar que hasta le cambió el color de la cara, entre la timidez y el asombro. "No, pero ¡¿es él de verdad?!". "Es él, te hago hablar solamente si me haces ganar el Mundial...". Y así fue.

Nos volvimos a abrazar en 2013, cuando fui con mi familia de vacaciones una semana a Dubai para celebrar el cumpleaños de Benedetta. Sabía que Diego se había mudado allí por su nueva carrera como entrenador, también sabía dónde vivía. Quería darles una nueva sorpresa a mis hijos ya más grandes, así que pasé dos o tres veces por su casa donde siempre encontraba a su hija Dalma, que me decía: "No, papá está durmiendo. Está muy cansado estos días". Estuve a punto de rendirme, pero Diego nunca siguió el ciclo previsible de los acontecimientos. El momento en que ya no crees tener más posibilidades puede ser el momento justo para empezar a hacerlo, y cuando empiezas a pensar que algo es imposible, él conseguía demostrarte exactamente lo contrario. El último día de mi estancia, que coincidía con el cumpleaños de mi hija, recibí una llamada telefónica e inmediatamente reconocí la voz de Diego. "¿Dónde estás?". Me eché a reír. "¡Ay, Diego, llevo una semana buscándote! Quería saludarte". Fue como si no me escuchara. "¿Pero dónde estás?", siguió insistiendo. "No, nada, estamos en un restaurante festejando el cumple de Benedetta". Él, definitivo: "Okey, ya voy". Me volví hacia mi hija con la alegría de poder decirle: "Llega otro regalo para ti, amor".

Se abrazaron fuertemente, como si Diego fuera de la familia. Y lo era, porque enseguida se sintió a gusto. Éramos unos diez, decidí pedir unas cervezas y una sola botella de champán para brindar, también porque —para ser sincero— el vino no es una bebida bien vista por aquellos lares, y no todos los locales pueden servirlo. Diego retomó la escena de nuevo: "¡¿Qué demonios hacés con estas cervezas?! Ciro, te hice ganar todo, te hice ganar un montón de plata y aparecés con estas cervezas?!". Entonces se volvió al camarero: "Tráiganos tres o cuatro botellas de champán, el mejor que tengan". La cuenta era abultada pero no me preocupé, porque cuando Maradona está cerca, se trata de celebrar de la mejor manera posible: esto lo sabía bien, lo aprendí paso a paso a lo largo de mi vida.

Mientras tanto, Diego —que siempre adoró a los niños y a los jóvenes por su sinceridad instintiva— se había sentado junto a Paolo, mi segundo hijo, el que le había prestado sus botines de fútbol para mi despedida del fútbol. No sé si recordaron aquella noche, solo sé que charlaban, aunque no pude —en la confusión del festejo— oír lo que se decían. Me di cuenta de que una reacción particularmente nerviosa cruzó de repente los ojos de Diego, que se había puesto rígido incluso en su cuerpo. Como si estuviera molesto. "Quién sabe qué demonios le habrá dicho Paolo ahora", pensé.

Pronto lo descubrí. Con toda la ingenuidad de los chicos, se había arriesgado a dar opiniones futbolísticas. "Diego, ¿te puedo decir una cosa? Para mí eras mucho más fuerte que Messi". Entonces comprendí enseguida la expresión de Maradona. Se volvió hacia él, más o menos como si hubiera cometido un delito, lo miró fijamente a los ojos con una mirada llena de orgullo, bromeando pero no tanto: "Paolo, a lo mejor no entendiste una cosa. Yo no *era* más fuerte que Messi, yo *soy* más fuerte que Messi". Diego y yo estallamos en carcajadas. Paolo, intimidado por aquella reacción, replicó casi a lo Carmando: "¡Sí, sí, sí! Claro que eres más fuerte que Messi, incluso ahora". Siempre tuvo dentro de sí las ganas de ser considerado el mejor del planeta, pero el peso de serlo lo había aplastado con tal fuerza que, a partir de cierto punto, se hizo imposible oponerse, incluso para alguien como él.

Más adelante volví a ver a Diego en algún partido o evento benéfico, y nuestros encuentros se caracterizaron siempre por una alegría desenfadada, porque entre nosotros nunca faltó la confianza como para reírnos el uno del otro. Diego nunca dejó de bromear sobre la "calidad" técnica de mis pies. "Pero ¿cómo es posible que vos le hayas hecho ese gol al Stuttgart?"[41]. Yo me apuro a responderle: "Diego, ¿sin mí dónde demonios estarías? No habrías ganado nada en Nápoles, porque hasta que yo no jugué de titular, la situación no se desbloqueaba".

Todo esto fue y *es* Diego Armando Maradona para mí, un verdadero amigo, en el sentido más profundo de la palabra, más allá del extraordinario futbolista que fue para el mundo entero. En su absoluta sencillez se puede vislumbrar una grandeza impresionante. Diego se va sin irse nunca. Entre nosotros nació inmediatamente un cariño total, identificación, pura euforia, éxtasis y vértigo. Por eso, cuando en cualquier lugar del mundo me preguntan por "aquella Nápoles de los triunfos", mis pensamientos corren inmediatamente hacia él, hacia su sonrisa infinita. Solo quienes conocen esas callejuelas misteriosas y esas maravillosas terrazas con vistas al Golfo pueden comprender plenamente; solo quienes vivieron a diario aquel vestuario, cada día junto a él, pueden entenderlo. Y también recordar.

Diego no era un "buen ejemplo" para los chicos, siempre se lo reprocharon. Olvidando, eso sí, añadir que nunca pretendió serlo. A todos nosotros —en el terreno de juego con él o solo viéndolo desde afuera— nos transmitió la capacidad de levantarse siempre, de luchar de verdad contra cualquier tipo de dificultad. En este sentido sí fue un ejemplo y no se puede dejar de reconocerlo.

Muchas veces me han preguntado "Pero para ti, que lo viste y lo viviste de cerca, ¿qué habría sido de Diego sin esa adicción y esa vida desordenada?". No hay respuesta. Quizás simplemente no habría sido Maradona, ese pequeño gran hombre que nos regaló momentos inolvidables y que, a su pesar, quedó atrapado por la popularidad,

---

41 Diego se refiere al gol que Ciro Ferrara le hizo al VfB Stuttgart en la final de la Copa de la UEFA 1988-1989, en el estadio San Paolo.

por su propia grandiosidad. Por eso nunca pensé en juzgarlo, de ninguna manera. También porque, casi inevitablemente, todos cometemos errores en nuestra vida.

Todo lo que rescato de mi vida compartida con él resplandece y basta, y no solo para mí. Prueba de ello es el hecho de que nunca he conocido, en los muchos años transcurridos, a un compañero que tuviera algún mal recuerdo de él. A pesar de todos sus problemas y de todos sus errores, era imposible que no lo quisieras, porque siempre nos trató a todos como si fuéramos *maradonas*, cuando era evidente que solo había uno, único e inimitable, fuera de serie, con un don extra, en comparación con el resto: ser capaz de multiplicar, incluso, el talento de los demás, porque Diego nunca perdía la oportunidad de enaltecer, como nadie, a sus compañeros y a su público. Se entregó por completo, haciéndose así eterno.

Todavía sonrío cada vez que me hacen las preguntas habituales, recurrentes, inevitables: "Pero, ¿jugaste de verdad con Diego? ¿Cómo era Maradona?". Entre las personas que me preguntan con más insistencia, finalmente, está mi hijo menor, Giovambattista, el único de la familia que no ha podido conocer a Diego personalmente ni verse reflejado en esa sonrisa brillante y cómplice. Pero sé que para él también llegará la oportunidad porque sigo convencido de que esta historia, que huele a milagros y a magia, aún no ha terminado, como una nueva y perenne cita suspendida en el tiempo infinito[42].

La llamada del cariño, como la de la sangre, no puede extinguirse ni callarse. "Quien ama no olvida". Ahora lo sé.

---

42 Desafortunadamente, este deseo se vería lejos de ser cumplido.

APÉNDICE

Homenaje de Ciro Ferrara al día siguiente del aniversario de la muerte de Diego Armando Maradona[43]

Esperaba tu llamado. Al principio tuve el teléfono apagado. Necesitaba permanecer en silencio. En esta última semana pasé varias horas mirando la pantalla que se iluminaba, leía números que aparecían, nombres que titilaban. Estaba esperando, como si lo presintiera, pero nada…

En cambio, esta mañana me tomaste desprevenido, ¡quién mejor que tú para hacerlo! Pasaron tantas cosas en pocos días. Sí, imagino que te conmovería saber que las calles de Nápoles y de Buenos

---

43 Los editores de esta obra consideramos que no podía faltar, para completar este libro, el homenaje realizado por Ciro Ferrara el 26 de noviembre de 2021, al día siguiente del aniversario del fallecimiento de Maradona. Incluimos un QR desde donde el lector podrá apreciar esta emotiva muestra de cariño y admiración por el ídolo.

Aires se llenaron de gente con la mirada triste. La luz es más débil, todo se volvió doloroso y oscuro. De pronto nos faltó sangre caliente en las venas. No estábamos preparados, Diego, no lo estábamos... Y ese miércoles de noviembre será para muchos uno de los días más tristes de la vida.

¿Qué dices? ¿Quieres saber cómo reaccionaron en otras partes del mundo? ¿Cómo hago para contarte todo? En todos lados te homenajearon. Fue una locura, Diego, algo nunca visto.

Sin embargo hoy mi corazón se rompió. El consuelo más grande es la suerte de haber formado parte de las páginas de tu novela. Ahora que escucho tu voz me atraviesa una agradable y reconfortante vibración. Extrañaba tu voz, ¿sabes? Es un estremecimiento... mágico.

Diego, eres lo más grande. Pero, ¿qué demonios hiciste?, ¿qué es lo que provocaste en esta Tierra? Te compararon con un dios humano, pero hay quien no acepta este mundo dolorido y quebrado por tu pérdida.

Si quieres saber los nombres... olvídalo. A algunos ni los conoces, Diego... Tu vida terrena ya te pasó factura, y ya no le debes nada a nadie, no te preocupes...

¿Sabes que la ciudad de Nápoles le puso tu nombre a su estadio? Es así, te lo aseguro: Estadio Diego Armando Ma-ra-do-na. Suena bien, ¿eh? Pero no comiences tú también, que ya bastante nos emocionamos nosotros.

¿Te acuerdas de cuántas veces te esperamos en la cancha? Había días en los que sabíamos que llegarías, y otros en los que comprendíamos enseguida que no te veríamos hasta el día siguiente. ¡Otras veces nos enviabas al manicomio al presentarte de sorpresa! Justo cuando menos lo esperábamos te aparecías ante nosotros como un niño impaciente por comenzar y nos decías: "¿Qué hacen ahí parados? ¿Jugamos, no?".

¡Qué lindo volver a reír juntos a carcajadas! Como hacíamos de chicos. Conozco bien esa sonrisa, hijo de puta...

Quisiera que volvieran esos días en los que me quedaba en la cancha a esperarte, para verte llegar justo cuando el destino parecía haber pronunciado la última palabra. Me gustaría tanto, pero sé que es un deseo irrealizable...

Ahora tenemos que despedirnos, supongo. Pero hagámoslo rápido, porque siento que se me llenan los ojos de lágrimas. Pero antes dime algo: ¿cómo estás, Diego? Bien, ¡qué alivio! Sentía un peso en el estómago, y mil preocupaciones.

Gracias por el llamado, no olvides que te quiero mucho.

Adiós, Diego.
Adiós, Capitán.